John Keats

Gedichte

Übersetzt von Gisela Etzel

Klassiker in neuer Rechtschreibung, Band 170

John Keats: Gedichte

Übersetzt von Gisela Etzel.

Keats, John: Gedichte. Übertragen von Gisela Etzel, Leipzig: Insel Verlag, [1910].

Der Text dieser Ausgabe folgt:
Keats, John: Gedichte. Übertragen von Gisela Etzel, Leipzig: Insel Verlag, [1910].

Die Paginierung obiger Ausgabe wird hier als Marginalie zeilengenau mitgeführt. Der Text wurde behutsam an die neue deutsche Rechtschreibung angepasst.

Neu herausgegeben und mit einer Biografie des Autors versehen von Klara Neuhaus-Richter, Berlin 2023.
knr@henricus-verlag.de

Umschlaggestaltung von Rainer Richter unter Verwendung einer Porträtzeichnung von Josefine Weinschrott.

Gesetzt aus der Minion Pro, 11 pt

ISBN 978-3-8478-5335-0

Bibliografische Information der Deutschen Nationalbibliothek:
Die Deutsche Nationalbibliothek verzeichnet diese Publikation in der Deutschen Nationalbibliografie; detaillierte bibliografische Daten sind im Internet über www.dnb.de abrufbar.

Inhalt

Ich sah von Hügelhöh ins Land hinein …

Ich sah von Hügelhöh ins Land hinein.
So stille lag die Luft im Sonnenschein,
Dass volle Knospen, die in sanftem Bogen
Die leichten schwanken Stängel seitwärts zogen,
Noch glänzten in dem bunten Sternenprangen,
Mit dem der Morgen schluchzend sie behangen,
Die Wolken waren weiß und rein wie Schafe,
Die nach der Schur und nach geruhigem Schlafe
Im Bache badeten; sie lagen matt
Im blauen Himmelsfeld; und Blatt um Blatt
Schien nur ein leiser Atem zu bewegen,
Das Schweigen nur schien seufzend sich zu regen;
Denn jeder Schatten, der ins Grüne fiel,
Lag steif und starr und wusste nichts von Spiel.
Die Landschaft ruhte still und weit und frei
Und lud den Blick zu trunkner Schwelgerei:
Des Horizonts kristallnen Glanz zu sehen
Und seinen zarten Linien nachzugehen,
Auch jenem Feldweg, der sich seltsam windet,
Durch Wälder krümmt und fern, ganz fern verschwindet;
Und an bebuschten Streifen zu erkennen,
Wo unter Schatten kühle Wasser rennen.
Ich schaute, und mir war so wohl und klar,
Als fächte sanft des Hermes' Flügelpaar
Die Füße mir. Mein Herz war leicht und frei,
Den Geist entzückten Freuden mancherlei.
Nach buntem Strauß begann ich mich zu bücken,
Mir weiße, blaue, goldne Lust zu pflücken:

Ein Busch Maiglöckchen, daran Bienen hängen,
Die wühlend lief in süße Kelche drängen;
Ein Guss Goldregen soll darüber fließen,
Und langes Gras soll meinen Strauß umschließen,
Ihn feucht und kühl erhalten und in Schatten
Die Veilchen hüten, dass sie nicht ermatten.

Hier grünt ein Haselstrauch, um den mit schlanken
Schmiegsamen Armen wilde Rosen ranken,
Und dunkles Geißblatt, das zu lichten Höhen
Die schwanke Winde hebt. Daneben stehen
Und wiegen ihre süßen Frühlingsträume
In kleiner Reihe schlanke junge Bäume,
Aus wunderlichen Wurzeln aufgeschossen.
Das alte moosige Flechtwerk wird umgossen
Von klarem, frischem, sprudelfrohem Quell;
Im Vorwärtshasten plaudert er noch schnell
Von seiner Töchter blauer Lieblichkeit –
Von Glockenblumen. Ach, er ahnt die Zeit,
Da wohl gedankenlose Kinderhand
Die zarten pflückt und wirft in Sonnenbrand.

O Ringelblume, goldner, goldner Glanz!
Entzünde deinen Kranz!
Wisch ab den Tau, der dir vom Aug sich stiehlt,
Denn Gott Apoll befiehlt,
In diesen Tagen soll nur eine Weise
Die Harfen rühren: nur zu deinem Preise!
Und wenn er morgen deine Augen küsst,
Sag ihm, dass du in meinen Wonnen bist;
Und streif ich dann in fernem Tal – vielleicht
Dass seine Stimme meine Stirn umstreicht.

Platterbsen stehen flugbereit auf Zehen
Und lassen rot und weiße Flügel wehen;
Ihr spitzer Finger hascht nach allen Dingen,
Sie fest mit winzigen Ringen zu umschlingen.

Sieh hier das Bächlein, niedrig überbrückt 6
Von schwanken Planken; weile hier entzückt
Und lausche, wie Natur so sanft sich rührt,
Die süßer noch als Taubenruf verführt;
Wie still das Wasser um die Biegung zieht:
Kein Flüstern, das hinauf ins Grüne flieht,
Kein Gruß den Weiden Gras und Halme kommen

Durch wirre Schatten langsam hergeschwommen,
So langsam – könntest du nicht zwei Sonette
Gelesen haben, eh im trägen Bette
Dies Gras dorthin treibt, wo die Strudel kreisen
Und Holz und Halm im Tanzen unterweisen
Und so geschwätzig mit den Kieseln lärmen?
Elritzen stehen dort in ganzen Schwärmen
Und stemmen sich dem kräftigen Strom entgegen,
Genießen so den vollen Sonnensegen
Im kühlen Wasser. Wie sie immer ringen
Um diese süße Lust! Und glitzernd schlingen
Sie flink den Silberleib durch Kieselsand.
Erhebe nur ein wenig deine Hand,
Im selben Augenblick sind alle fort –
Und senkst du sie, sind alle wieder dort.
Sieh, wie die kleinen Wellchen Freude fühlen,
Sich zwischen Kressenlocken abzukühlen.
Sie nehmen Kühlung und sie geben Feuchte
Dem krausen Grün, damit es frischer leuchte,
Gleich guten Menschen, die in Redlichkeit
Zu wechselseitigem Geben gern bereit.
Von niedern Zweigen schwingt sich hin und wieder
Ein Häuflein bunter Distelfinken nieder:
Nur kurze Zeit, nur nippen und geschwind
Die Federn feuchten, die voll Sonne sind,
Dann plötzlich fort, wie's muntre Laune will.
Doch manchmal hält ihr gelbes Schwirren still
7 Und zeigt die glänzend schwarz und goldnen Schwingen.
Wär ich wie sie bestimmt zu solchen Dingen –
Ach, wär ich sie, ich würde beten mögen,
Dass meine Lust in grünenden Gehegen
Nur süßres störe, nur ein Mädchenkleid,
Das nahe rauscht und voll Behändigkeit
Vom Löwenzahn die Samenfäden fegt –
Als eines Mädchens Fuß, der nah sich regt
Und der im Spiel beim schnellen Vorwärtsgehen
Den Sauerampfer schaukelt mit den Zehen.
Wie würde sie erschreckt zusammenfahren,

Weil man ihr liebes kindliches Gebaren
Entdeckt. Oh, übers Wasser sie zu leiten,
Das halbe Lächeln sehn, das Niedergleiten
Der scheuen Blicke; ihre Hand zu fassen –
Von ihrem Atem mich berühren lassen!
Und wenn sie von mir geht – dass sie sich wende,
Den schönen Blick durch braune Locken sende!

Was weiter? Primeln hier ein voller Strauß!
O schaue, Seele, träume, ruhe aus
Und sinke schlummernd hin; doch immer wecke
Dich sanft das Platzen einer Knospendecke,
Dich irgendeines Falters trunkne Hast,
Der ruhlos weiterfliegt von Rast zu Rast,
Und Luna wecke dich, wenn sie die Schale
Nun aus dem Wogen schimmernder Opale,
Aus milchigen Wolkenmeeren, silbern hebt
Und sacht empor in Himmelsbläue schwebt.
O Göttin du der Dichter, liebe Lust
Der schönen Welt und jeder edlen Brust!
Du Heiligenschein, der alle Wasser schmückt,
Du süßer Kuss, der uns mit Tau beglückt,
Du milde Hand, die schöne Augen schließt
Und schönen Traum in stillen Schlummer gießt,
Du Freundin von Gebet und Schwärmerei,
Von Einsamkeit und Liebegrübelei!
Dich preise ich vor allen andern Dingen,
Die tief beglückend uns zum Dichten zwingen.
Du Paradiesesglanz, du ewiges Licht,
Du bist die Seele, die der Dichter spricht.
Du nahst – und irgendeine dunkle Linie
Wird ihm zum Umriss würdevoller Pinie;
Dein Lächeln, das zur dunklen Erde schwebt,
Gibt Silberfäden, draus er Märchen webt
Und ist solch Märchen köstlich aufgebaut,
So atmen wir den Duft von Sommerkraut
Und gleiten hin auf üppigen Wollustschwingen,
Die uns in himmlische Regionen bringen:

Taufeuchte Rosen streicheln unsre Wangen,
Wir sehen Lorbeer reich in Blüten prangen,
Zu Häupten gleißt Jasmin in voller Laube,
Und lächelnd blüht aus grünem Kleid die Traube,
Ein Bächlein hüpft, mit sanftem Sang zu rühren
Und alles Leid ins Weite zu entführen.
Wir fühlen uns befreit von Not und Welt
Und hoch auf weiße Wolken hingestellt.
So fühlte er wohl, der zuerst erzählt,
Wie Amor seine Psyche sich erwählt:
Was sie gefühlt, als erster Kuss ihr glühte,
Und wie sein Seufzen ihr entgegenblühte,
Und wie sie beide bebten und Verlangen
In Küssen zitterte auf Mund und Wangen;
Die Silberlampe – und der Gott im Schlafe –
Dann Dunkel – Einsamkeit – und schwere Strafe –
Der Flug zum Himmel – Ende aller Leiden –
Und ewige Vereinigung der beiden. –
So fühlte er wohl, der die Zweige bog
Und unsern Blick in weite Waldung zog,
Um Faune und Dryaden zu belauschen,
Wie sie so sorglos durch die Büsche rauschen
Und sich mit süßen wilden Blumen kränzen
Und Freude finden in verzückten Tänzen;
Wie Syrinx flieht in namenlosem Schrecken
Und angstvoll sucht, vor Pan sich zu verstecken.
O armer Pan! Verloren war die Spur
Am schilfigen Strom, und Windesseufzen nur
Erlauschtest du, nur schwermutvollen Hauch,
Der leise hinglitt über Schilf und Strauch. –

Dem war Natur wohl tief ins Herz gedrungen,
Der einst Narzissus' Liebespein besungen.
Er schritt vielleicht durch dunklen Wald und fand
Sich plötzlich an umbuschten Teiches Rand,
Der still und glatt und ungewöhnlich klar
Dem Himmelsblau ein treuer Spiegel war,
Das hie und da durchs dichte Laubdach blickte

Und heitern Gruß in müde Schwermut schickte.
Am Ufer stand ein einsam Blümelein,
Sah sanft und traurig in den Teich hinein,
In dem es seine bleiche Schönheit sah –
So unerreichbar – und so greifbar nah!
Taub war die Blume für des Zephirs Werben,
Nur schauen mochte sie, nur glühn und sterben.
Der Dichter stand und träumte lange dort,
Und seine Seele nahm dies Bild mit fort,
Und bald darauf, da war der Sang geschrieben
Von jung Narziss und seinem kranken Lieben.

In welches Wunderreich war Er gedrungen,
Der uns den süßesten, den ewig jungen,
Den anmutvollen reinen Sang geschenkt,
Der Seligkeiten senkt
Ins Herz des Mondscheinwandrers, ihm enthüllt
Die unsichtbaren Götter, ihn erfüllt
Mit Sphärenklang, der hoch aus Himmeln tönt,
Wo Nacht und Glanz sich friedevoll versöhnt?
O sicher! Dieser wusste nichts von Banden,
Er wandelte in wundersamen Landen,
Der Fesseln ledig schwebte er davon,
Um dich zu suchen, o Endymion!
Ein Dichter war er, ein Verliebter auch,
Der hoch auf Latmos stand, als süßer Hauch
Vom heiligen Myrtental sich aufwärts schwang
Zugleich mit feierlichem, frommem Sang,
Dem Hymnus, den man zu Diana schickte,
Die hell aus dunklen Himmeln niederblickte.
Doch ob sie auch sich huldvoll lächelnd neigte,
Ein Antlitz klar wie Kinderaugen zeigte –
Der Dichter weinte, sie so schön zu sehn,
So einsam durch die Ewigkeiten gehn:
Hell sang die Leier, die sein Hymnus schwellte,
Der Cynthia den Endymion zugesellte.

Du Königin, du lieblichstes Gesicht!
Du köstlich reiner Glanz, du mehr als Licht!
Gleich wie dein Lächeln alles überragt,
So jenes Lied, das deine Schönheit sagt.
O gib mir Worte, die wie Honig fließen,
Ein Wunder deiner Brautnacht zu erschließen:

Wo ferne Schiffe wie im Äther hängen,
Hielt Phoebus seiner Räder mächtiges Drängen
Für kurz zurück und lächelte dich an,
Eh weiter stob sein feuriges Gespann.
Der Abend war so mild und leuchtend klar,
Dass, wer gesund war, auch voll Frohsinn war
Und ausschritt wie Homer beim Hörnerschall,
11 Wie jung Apollo auf dem Piedestal;
Und Frauen waren schön und warm belebt,
Wie Venus, die entzückt die Wimper hebt.
Die Luft war lind und wehte frisch und rein,
Schlich in verhängte Krankenstuben ein
Und kühlte sanft den Fieberschlaf der Kranken,
Die bald in tiefen festen Schlummer sanken.
Sie wachten auf – und atmeten gesund,
Klar war ihr Auge und erfrischt ihr Mund,
Und Schmerz und Fieberhitze war vergangen;
Und wie sie nun erquickt vom Lager sprangen,
Da sahn sie rings geliebte Freunde stehn,
Die staunend kaum begriffen, was geschehn,
Die sie umarmten und mit inniglichen
Gebärden ihre stille Stirne strichen. –
Und Jünglinge und Mädchen sahn betroffen
Einander an und glühten in Erhoffen,
Denn aller Augen waren lichterfüllt,
Und alles Sehnen lag so schlicht enthüllt –
Sie staunten, lächelten – bis Poesie
All ihrer Sehnsucht schöne Worte lieh;
In süßen Reimen wusste man zu werben,
Und kein Verliebter brauchte mehr zu sterben.
O Cynthia, als dein lieber Hirt dich küsste –

Wer ist, der *alle* Seligkeiten wüsste,
Die da erblühend sich herniedersenkten,
Vielleicht der Erde einen Dichter schenkten? –
Doch Seele, sieh, du schweiftest weit genug,
Zurück, zurück vom allzu hohen Flug! 12

Ode an eine Nachtigall

Ein Herz tut weh, und schläfriges Erlahmen,
Als hätt ich Gift getrunken, quält mich sehr.
Betäubte mich ein Trank aus giftigen Samen?
Mich hüllt Vergessenheit, ich weiß nichts mehr.
Doch ist's nicht Neid auf dein so glücklich Los –
Nur füllt so schwer mit Glück dein Glück mich an:
Dass du, des Walds beflügelte Dryade,
In lieblich kühlem Schoß,
Im Schatten, den das Buchengrün dir spann,
Der Freiheit jubeln kannst, der Sommergnade.

O Wein jetzt! Jungen Wein, den Erde kühlte,
Den dunkelkühl ein langes Jahr gereift,
Der sonngebräunten Frohsinn tanzen fühlte,
Und der des Provençalen Lied begreift;
O einen Becher warmen Südens jetzt!
O Hippokrene, die zum Rande schäumt
Und gern und gut Begeisterung bereitet
Mit Lippen rot benetzt,
Dich will ich trinken, dass ich ungesäumt
Zum Wald entschweben kann, von *dir* geleitet.

Entschweben, ganz vergehn – und ganz vergessen,
Was du in deinem Walde nie gekannt:
Die Menschennot, die Mühen unermessen,
Das Sorgenfieber, das die Herzen bannt;
Du weißt nicht, wie gelähmtes Alter stöhnt,
Wie Denken immer nur Sich-härmen heißt,
Wie Jugend bleicht und schleicht und siecht und schwindet,

Und wie Verzweiflung höhnt,
Wo Schönheit, wenn ihr Blick das Leben preist,
13 Um Liebe weinen lernt und bald erblindet.
Hinweg! Zu dir! Doch soll nicht Bacchus Wagen
Mit Pantherkraft mich ziehn, nein! Poesie
Soll mich auf unsichtbaren Schwingen tragen,
Drückt auch dies Hirn noch müde Apathie.
Schon bin ich bei dir! Milde ist die Nacht,
Und Luna thront mit lächelndem Gesicht
Und überblickt ihr Sternenvolk voll Gnade,
Doch hat sie hier nicht Macht:
Nur manchmal bläst ein Windhauch etwas Licht
Durch grüne Dämmernis auf moosige Pfade.

Ich sehe nicht, was blüht zu meinen Füßen,
Welch süßer Balsam rings an Zweigen hängt;
Doch auch im Dunkel ahn ich, was an süßen
Duftwellen atmend in die Mainacht drängt
Aus wildem Beerenbaum und Gras und Strauch:
Ich atme Weißdornduft und Rosenblühn
Und Veilchen, die in Blätterbetten sterben,
Und Moschusrosen auch,
In denen morgens bunte Tropfen glühn
Und abends Sommerfliegen sich umwerben.

Im Dunkel lausche ich; und wie Verlangen
Mich oft schon fasste nach dem stillen Grab,
Wie ich dem Tod, mich herzlich zu umfangen,
Schon oft in Liedern liebe Namen gab,
So scheint mir Sterben jetzt besonders schön.
Ach, schmerzlos mich zu lösen in die Nacht,
Indes dein Sang in heiligen Ekstasen
Beschüttet Tal und Höhn
Und doch mein Herz nicht höher schlagen macht,
Das nur als Duft noch schwingt im blumigen Rasen.

Du Vöglein wurdest nicht zum Tod geboren!
14 Nein, dich zertritt kein hungerndes Geschlecht.

Was diese Nacht mir tönt, sang in die Ohren
Dem ersten König schon, dem ersten Knecht,
Und ist vielleicht derselbe Sang, der tief
Der heimwehkranken Ruth zum Herzen klang,
Als sie in Tränen schritt durch fremde Gassen,
Derselbe Sang, der tief
Bezaubernd sich um Märchenschlösser schwang
Und Feenreiche, die nun längst verlassen.

Verlassen! Ach, dies Wort ist wie das Klingen
Trostloser Glocken, das zu mir mich mahnt!
Auch Fantasie kann nicht Erlösung bringen,
Wenn ihr nicht Hoffnung einen Weg gebahnt.
Lebwohl! Lebwohl! Dein Schmerzgesang entschwebt
Zum Wiesengrund aus Waldes hohem Dom,
Ins Tal hinab und schweigt am dunklen Bache.
Ward mir ein Traum belebt?
Betrog die wachen Sinne ein Phantom?
Wer sagt mir, ob ich schlafe oder wache! 15

Ode auf eine griechische Urne

Liebkeusche Braut der steten Stille du,
Du Pflegekind von Tag und Tag und Schweigen!
Welch blumiges Waldgeschichtchen schilderst du –
Und sagst es süßer als ein Reimereigen?
Welch blattumrankte Mär umstreicht dein Rund
Von Göttern oder Menschen oder beiden
In Tempe oder in Arkadiens Hängen?
Wer sind sie, die an Mädchenangst sich weiden?
Was jagt so toll? Was ringt und flieht so bunt?
Welch Flötenlied? Welch lustberauschtes Drängen?

Gehörtes Lied ist süß, doch süßer ist
Ein ungehörtes: sanfte Flöte, weiter!
O wie du, klanglos, mehr als köstlich bist,
Du geisterhaft-lautlosen Lieds Begleiter!

Nie kannst du, Jugend, lassen von dem Sang,
Wie nie die Bäume hier ihr Laub verlieren;
Du keck Verliebter, nie, nie kannst du küssen,
So nah du auch dem Ziel – doch sei nicht bang:
Nie welkt sie! Wirst du auch entbehren müssen,
Wird Liebe dich und Schönheit sie stets zieren.

Glücklicher Baum in ewiger Frühlingszeit,
Nie sinken deiner Zweige Blätter nieder.
Glücklicher Sänger, ohne Müdigkeit
Für immer flötend immer neue Lieder!
Und Liebe, Liebe, voll von größerem Glück:
Für immer heiß und der Erfüllung harrend,
Du immer jagende, du immer junge!
Wie steht vor dir lebendige Gier zurück,
Die Herzen satt macht, im Genuss erstarrend,
16 Die Hirn erhitzt und dürr versengt die Zunge!

Und wer sind diese mit dem Priester hier
Und jener Färse? Welcher Gottheit danken
Im Grünen sie mit schönstem Opfertier,
Dem Kränze blühen um die seidnen Flanken?
Welch kleine Stadt an Fluss, in Bergeshain,
An Seestrand, Stadt mit Burg zu Wehr und Frieden.
Steht diesen frommen Tag mit leeren Gassen?
Du kleine Stadt wirst ewig stumm nun sein,
Denn keinem wird die Heimkehr je beschieden,
Dir kundzutun, warum du so verlassen.

O attische Form, so schön wie nie erschaut,
Um die sich marmorn Mann und Mädchen ranken,
Mit vollen Zweigen und zertretnem Kraut,
Schweigende Form! Du rufst in uns Gedanken,
Wie Ewigkeit es tut: kalt Schäferspiel!
Sind wir mit unserm Leid dahin, so findest
Du andres Leid und wirst in Kümmernissen
Den Menschen trösten, dem du dies verkündest:

»Schönheit ist Wahrheit, Wahr ist Schön!« – Nicht viel,
Nur dies weißt du – und brauchst nicht mehr zu wissen. 17

Ode an Psyche

O Göttin! Lausche diesem armen Lied,
Das lieb Erinnern, süßer Zwang geboren;
Verzeih, das dein Geheimnis es erriet
Und wiederkündet deinen eignen Ohren:
Ich träumte heut – denn sollte wacher Sinn
Wohl je die lichtbeschwingte Psyche schauen? –
In lichtem Walde schritt ich für mich hin,
Da plötzlich fasste mich ehrfürchtig Grauen:
Eng Seit an Seite lag ein schönes Paar
Ins Gras gebettet, über ihnen spann
Das Laub ein flüsternd Dach, ein Bächlein rann
Durchs Grün, kaum wahrnehmbar.

Auf blumiger Au, die bunt und silberklar
Und kühl und duftend in die Stille sann,
Sanftatmend lagen sie, die Flügel bogen
Sich aneinander und die Arme auch,
Die Lippen trennte nur ein Atemhauch,
Als halbe Schlummer Mund von Mund gezogen,
Als würden jungerwachte Liebeswogen
Zu neuem seligen Küssen sie beglücken.
Den Knaben kannte ich;
Du Taube doch, du lieblichstes Entzücken,
Warst Psyche sicherlich!

O letztgebornes lieblichstes Gesicht
Hoch über des Olymps verbleichter Pracht!
O schöner du als erstes Sternenlicht,
Das wie ein Glühwurm in den Abend wacht.
Ja schöner du! Obgleich nicht *ein* Altar
Noch Opfer dir geschichtet
Und nächtens keine süße Mädchenschar

18 Zu dir Gesänge richtet:
Kein Wort, kein Flötenspiel, kein frommer Rauch,
Der sanft aus schwingenden Gefäßen wellte,
Kein Schrein, kein Hain, nicht ein inbrünstiger Hauch,
Der eines bleichen Priesters Träumen schwellte.

O Strahlendste! Zu spät für jene Zeit,
Zu spät, zu spät auch für leichtgläubige Leier,
Die heilig sprach des Waldes Einsamkeit,
Heilig die Luft, das Wasser und das Feuer.
Doch selbst in unsern Tagen, die so ferne
Von froher Frömmigkeit, erglänzt dein Flug,
Der über stürzenden Olymp dich trug,
Nun meinen Augen, und ich bete gerne.
So lass *mich* sein die süße Mädchenschar,
Die betet am Altar,
Dein Wort, dein Flötenspiel, dein frommer Rauch,
Den dir ein schwingend Weihgefäß entsendet,
Dein Schrein, dein Hain und dein inbrünstiger Hauch,
Den eines bleichen Priesters Traum dir spendet.

Ich will, dein Priester, dir den Tempel richten
In meiner Seele unbegangnem Hain:
Verschlungene Gedanken sind die Fichten,
Die flüsternd schützen deinen heiligen Stein,
In dunklen Gruppen sollen all die Bäume
Die steilen Bergesklüfte dicht befiedern,
Und schlummernde Dryaden wiegt in Träume
Der Wind, der Strom, der Wald mit seinen Liedern.
Und in der Mitte dieser weiten Stille
Baut dir ein rosiges Heiligtum mein Wille
Mit allem, was inbrünstiges Hirn ersinnt,
Umrankten Gittern, seltnen Blütenglocken.
Im Blumenhain, den Fantasie dir spinnt,
19 Ist alles Blühen ewiges Frohlocken,
Und dort ist dein allsüße Seligkeit,
So weit wie Träume fassen,

Und Fackel nachts und Fenster, das bereit,
Die Liebe einzulassen. 20

Ode auf die Melancholie

Du sollst nicht Lethe suchen, sollst nicht Wein
Aus harter giftiger Wolfsmilchwurzel klopfen,
Noch soll Proserpinas blutrote Pein,
Nachtschattentraube, deine Stirn umtropfen.
Dein Rosenkranz sei nicht aus Taxusperlen,
Dein Gram soll nicht zum flaumigen Kauz sich retten,
Im schwarzen Falter ein Symbol erblicken
Und klagend wandeln unter Trauererlen,
Sonst wird nur schläfernd Dunkel dich umbetten
Und deiner Seele wache Qual ersticken.

Doch wenn Melancholie herniederdrängt,
Gleich wie vom Frühlingshimmel Wolkenweinen
Um grüne Höhn sein graues Bahrtuch hängt
Und volle Nahrung gibt den müden kleinen
Kopfhängerischen Blumen, – oh, so drücke
Dein Leid in frühen Rosenkelch und schmücke
Päonienblühn mit dunklen Gramgeschmeiden;
Und ist die Herzensherrin trüb, verdrossen –
Halt ihre Hand in Händen sanft verschlossen
Und lass den Blick in ihren Augen weiden.

Sie lebt, wo Schönheit ist, die sterben muss,
Wo Freude ist, die stets, die Hand am Munde,
Zum Gehn bereit – bei schmerzendem Genuss,
Der Gifte braut aus jeder seligen Stunde.
Ja selbst im Tempel aller hohen Wonnen
Besitzt Melancholie Altar und Stätte –
Wenngleich nur der sie sieht, der Mut gewonnen,
Der Freudenbeere allzu sanfte Glätte
Mit durstiger Zunge aufzutun: Er findet
Die Schwermut ihrer Macht, die ewig bindet. 21

Ode auf die Indolenz

Ein Morgen war, da sah ich drei Gestalten,
Das Haupt gesenkt und Hand in Hand geschmiegt,
Und wie sie feierlich vorüber wallten
Mit sanftem Schritt, von weißem Kleid umwiegt,
War's so, als würde marmornes Gefäß
Rundum gedreht, den Bildschmuck zu besehen,
Bis dass des Reigens Anfang wiederkehrt;
So kamen sie, dem Urnenbild gemäß.
Und wie wir fremd vor mancher Urne stehen,
So war auch hier Verstehen mir verwehrt.

Wie kam's, dass ich euch Schatten nicht erkannte?
War's Absicht, dass wie starres Maskenbild,
Den Blick verhüllt, sich keine näher wandte,
Damit nun Trägheit meine Tage füllt?
Ihr stahlt euch fort; die Stunde trug so schwer:
Wie Wolkenschwall kam Indolenz geschwommen,
In Sommerseligkeit ertrank mein Blick,
Und Leid und Freude schmolz im sonnigen Meer.
Was musstet ihr so mahnend wiederkommen?
Entschwebt, und lasst mir nichts als nichts zurück!

Sie nahten sich zum dritten Mal und wandten
Den Blick nach mir – und wandelten vorbei;
Ich wollte folgen, meine Pulse brannten.
Euch nach!, so riefs in mir, ich kenn euch drei!
Du bist die Liebe, erste – schönste Maid!
Du zweite: Ehrsucht mit den bleichen Wangen
Und müden Augen, – ach, sie schlummert nie!
Du letzte, viel geschmäht in Hass und Streit,
Von mir geliebt in schmerzlich süßem Bangen,
22 Du bist mein Dämon – du bist Poesie!

Sie schwanden – und ich sehnte mich nach Schwingen.
O Torheit! – Liebe? Wem erblüht sie je? –

Und Ehrsucht? Was kann arme Ehrsucht bringen?
Was ist sie mehr als eine Wahnidee! –
Und Poesie? Nein, so beglückt sie nie –
Mich sicher nie – wie süße Sommerstunden,
In die des Nichtstuns goldner Honig taut.
O hinter Mauern seliger Lethargie
Ein Leben leben, fern von Qual und Wunden,
Von Tag und Nacht und hastigem Menschenlaut!

Noch einmal nahten sie wie stumme Frage.
Weshalb? Mit Träumen war mein Schlaf bestickt,
Die Seele lag gleich buntdurchblühtem Hage,
Von Sonnenglanz und Schattenspiel durchblickt;
Der Morgen war bewölkt, sein Auge schwer
Von Tränen, doch sie flossen nicht hernieder;
Durchs offne Fenster lugte junger Wein,
Drang Knospenglut und klangen Drossellieder –
O Schatten! Geht und naht euch nun nicht mehr,
Ich hatte keine Tränen euch zu weihn.

Ihr könnt mein Haupt nicht heben, das im Grase,
Im buntdurchblühten, kühl in Ruhe sank;
Mich lüstet nicht nach Ruhm, nach Lobesphrase,
Nicht Held zu sein in bürgerlichem Schwank.
Verweht vor meinem Blick, seid noch einmal
Wie alter Urne fremde Traumfiguren.
Lebt ewig wohl! Noch hab ich für die Nacht,
Noch für den Tag Visionen ohne Zahl.
Phantome ihr, entschwebt in Wolkenfluren,
Mein Geist ruht aus, ihr habt ihn nicht in Macht! 23

An die Herbstzeit

Du Zeit der Feuchte und der Fruchtbarkeit,
Freundin des Sonnengotts, der Reife sendet,
Mit ihm vereinigt, dass zur Süßigkeit
Des Rankenweins betaute Traube endet,
Dass Apfellast die moosigen Bäume biegt,
Dass aller Früchte Herz von Saft durchquollen,
Dass Kürbis schwillt und jede Nuss sich füllt
Mit würzigem Kern, und weicher gelber Pollen
In vielen späten Blumen wartend liegt,
Und jede Biene schwer zur Zelle fliegt,
Draus Sommers Segen schäumend überquillt.

Wer sah nicht oft in deiner Pracht dich stehn?
Sucht einer draußen, mag er wohl dich finden
Mit Lächeln über weite Speicher gehn,
Die Haare sanft bewegt von Fächelwinden,
Oder auf halb gemähtem Ackerreich.
Im Mohnduft schlafen: Vor den nächsten Schwaden
Voll Blumen hält die Sense noch zurück.
Und manchmal gehst du, Ährenlesern gleich,
Quer übern Bach, den hohen Kopf beladen,
Oder du lässt den ernsten Hüterblick
Im gelben Fluss der Obstweinkelter baden.

Wo ist, ach wo, des Frühlings Finkenschlag?
O still! Musik – auch dir ist sie verliehen –
Wenn wolkenbunt verblüht der sanfte Tag
Und Rosenschatten über Stoppeln ziehen:
Dann klagt in Uferweiden das Gewimmel
Der winzigen Mücken – lebt der Wind empor,
Hebt sich der Schleier, stirbt er, sinkt der Flor –
Erwachsne Lämmer blöken laut am Bach,
Und Grillen zirpen; nun entzückt das Ohr,
Rotbrüstchens Flötensang vom Laubendach,
Und Schwalben sammeln zwitschernd sich im Himmel.

An die Hoffnung

Wenn ich in meinem Zimmer einsam bin
Und hässliche Gedanken mich umdunkeln,
Wenn keine Traumlust schmeichelt meinem Sinn,
Aus kahlem Leben keine Blüten funkeln,
Dann, süße Hoffnung, schenke Balsam du,
Mit Silberschwingen fächle mich in Ruh.

Und wenn ich wandre zu Beginn der Nacht
Durch Dickichte, die keinen Mondglanz kennen,
Und wenn Verzagtheit mich bekümmert macht
Und gut versteht, von Frohsinn mich zu trennen,
Dann lug durchs Laubendach als lichter Stern
Und halt den Teufel Kleinmut von mir fern.

Und sollt Verdruss, der Verzweiflung liebt,
Für sie nach meinem jungen Herzen krallen,
Die durch die Luft gleich schwarzer Wolke schiebt
Und immer lauert, auf mich herzufallen,
Dann, süße Hoffnung, strahle deine Pracht
Und scheuche ihn, wie Morgen scheucht die Nacht!

Spricht je das Schicksal jener, die mir nah,
Zu meinem Herzen von betrübten Sorgen,
O Hoffnung, heiliges Auge, lächle da,
Lass deine süßen Tröstungen mich borgen,
Himmlisches Leuchten, Hoffnung, schenke du,
Mit Silberschwingen fächle mich in Ruh!

Wenn je unglücklich Lieben an mir zehrt
Zu einer grausam unbarmherzigen Schönen,
So lass mich denken, dass es doch von Wert,
Sonette in die Mitternacht zu stöhnen!
O süße Hoffnung, schenke Balsam du,
Mit Silberschwingen fächle mich in Ruh!

Im langen Lauf der Jahre, die da gehn,
Gib mir, dass unser Land der Ehre diene,
Und lass mich wieder seine Seele sehn:
Die Freiheit – nicht nur freiheitliche Miene.
Besondern Glanz, o Hoffnung, schenke du –
Und gib mir unter kühlen Schwingen Ruh!

Die große Freiheit, weiß und ungeschmückt,
Um deren Reinheit Patrioten sterben,
Lass mich nicht sehn, wie sie der Purpur drückt
Und sie sich beugt und bietet dem Verderben;
Doch lass mich deine Silberschwingen sehn,
Die glitzernd breit in dunklen Himmeln stehn.

Und wie wohl eines Sternes kleines Licht
Verheißungsvoll in schwarzen Höhen funkelt
Und milden Strahls durch finstre Wolken bricht,
So, süße Hoffnung, wenn mein Sinn umdunkelt
Von trübem Ahnen, dann erscheine du,
26 Mit Silberschwingen fächle mich in Ruh!

Auf die Fantasie

Lass die Fantasie nur schweifen,
Freude will zuhaus nicht reifen;
Denk, dein kleines Glück zerfließt:
Regen, der aufs Pflaster gießt.
Drum lass Fantasie nur streifen,
Weiter als Gedanken schweifen,
Riegle auf des Geistes Tor –
Lichtwärts segelt sie empor.
Süße Fantasie lass frei,
Sommers Freude flieht vorbei,
Und des Lenzes liebe Lust
Welkt wie all sein Blütenblust;
Herbstes rote Früchte auch –
Rot von Tau und Nebelrauch –

Sind dir Überdruss. Was nun?
Still am Herde sollst du ruhn,
Wenn die Glut zu Glanz entfacht
Geistert durch die Winternacht.
Wenn die Erde stumm und kalt
Und der Schnee sich klebrig ballt
Um des Bauern plumpen Schuh,
Nacht sich dehnt der Mittnacht zu
Und aus ihrem Dunkelland
Alles Wirkliche verbannt,
Ruhe dann und lass von hinnen –
Ehrfurcht leite dies Beginnen –
Fantasie zu hohem Flug!
Genien dienen ihr genug.
Winter weiß nur Frost zu weben –
Sie wird Schönheit wiedergeben,
Alles bringt sie wieder dar:
Sommer, der dir glühend war,
All des Maimonds Blütenlast, 27
Tauigen Stiel und dornigen Ast;
All des Herbstes reifen Segen,
Frucht und Duft und sanften Regen,
Mischt sie dir zu seligem Trank –
Schlürfe ihn und sag ihr Dank.
Schlürfe ihn – und zu dir zieht,
Ferneher ein Erntelied;
Reife Halme hörst du fallen,
Hörst den Sang der Nachtigallen,
Lerchenlust, die im April
Nie den Jubel enden will;
Hörst den rauen Ruf der Krähen,
Die nach Halm und Reisig spähen,
Und du siehst im ersten Grün
Enzian und Primeln blühn,
Lilien in weißer Pracht,
Rose, die zur Sonne lacht,
Und das mailiche Frohlocken
Blauer Hyazinthenglocken,

Zweige, Blätter, Blütentaschen,
Die der Regen blank gewaschen.
Siehst die Feldmaus, die erwacht
Lugt aus ihrem Winterschacht,
Schlange, die vom Schlafen mager,
Lauert im durchsonnten Lager;
Siehst den Dornbusch Nestchen wiegen,
Drin gefleckte Eier liegen,
Und im moosigen Bett versteckt
Feldhuhn, das die Flügel streckt.
Hörst die Bienen, die im Grün
Summend hin und wider ziehn,
Eicheln, die zu Boden schlagen,
Und des Herbstwinds Sang und Klagen.

28 Süße Fantasie, lass frei!
Alles wird zum Einerlei,
Selbst der Liebsten rosige Wangen
Scheinen nicht wie einst zu prangen.
Wo ist wohl der reife Mund,
Der dir neu zu jeder Stund?
Wo ein Antlitz, noch so hold,
Dem man stets begegnen wollt?
Wo die Stimme, noch so lieb,
Die uns stets ein Wohlklang blieb?
Denk dein kleines Glück zerfließt:
Regen, der aufs Pflaster gießt.
Drum lass Fantasie sich schwingen,
Sie wird dir ein Traumbild bringen,
Süß, wie einst Proserpina,
Eh der Gott der Qual sie sah,
Weiß von Leib und weiß von Lenden,
So wie Hebe, als in Händen
Sie den Becher hob und klirrend,
Jupiter den Sinn verwirrend,
Dass sein Blick sich Sehnsucht trank,
Gürtel ihr und Kleid entsank.
Auf das Netz! Gib frei die Zügel!

Schon hebt Fantasie die Flügel.
Tore auf! Sie will entschweben,
Um dir all dies Glück zu geben. – –
Lass die Fantasie nur schweifen,
Freude will zuhaus nicht reifen. 29

Schlaf und Poesie

Was ist noch sanfter als ein Sommerwind?
Als Bienensummen, das so still gelind
Von Kelch zu Kelch die Blütenstraße schwingt
Und milden Frieden in die Seele bringt?
Was ist geruhiger als im Inselgrün
Der Moschusrose unbemerktes Blühn?
Heilsamer als des Talwalds Blätterschwall?
Geheimer als das Nest der Nachtigall?
Stillheitrer als Cordelias Angesicht?
Traumvoller als erhabenstes Gedicht? –
Nur du, o Schlaf, der zart die Augen schließt,
Ein zärtlich Lied in müde Seelen gießt,
Der unser frohes Lager leicht umschreitet,
Um Trauerweiden Mohngewinde breitet,
Der Mädchenlocken schweigend wirrt und wendet,
Nur du, dem jeder Morgen Hymnen sendet,
Weil deine Kräfte hell und froh beglücken
Die Augen, die zum Sonnenaufgang blicken.
Doch was ist höher noch als alles Träumen?
Was frischer noch als Frucht von Höhenbäumen?
Was wundervoller, sanfter, königlicher
Als Schwanenschwingen oder feierlicher
Als ferner Adlerflug? – Mit nichts vergleichen
Lässt sich dies eine und von nichts erreichen!
Daran zu denken, heißt sich zu versenken,
Sich heiliger Andacht liebend hinzuschenken.
Es überschauert uns mit Ungewittern,
Es rüttelt uns wie unterirdisches Zittern,
Und manchmal weht's wie Flüstern von den vielen

Geheimnissen, die in den Lüften spielen –
Von irgendeinem Wunder um uns her.
30 Da blicken wir entzückt und spähen sehr
Nach fernem Glanz, nach fremden Luftgebilden,
Nach einem Ton aus himmlischen Gefilden
Und nach dem Lorbeer, der das Haupt uns schmückt.
Wenn unser Fuß die Erde nicht mehr drückt:
Und manchmal kommt es voller Glanz und Glocken,
Und aus dem Herzen brausen, o Frohlocken!
Erhabne Worte, die sich gottwärts schwingen,
Bis Traum und Glut in Flüstern still verklingen.

Ein jeder, der die lichte Sonne sah
Und alle Wolken, und der rein und nah
Des ewigen Schöpfers Gegenwart empfand,
Muss fühlen, was ich meine, und in Brand
Muss jetzt sein Innres lohn, da ich ihm bringe
So lief empfundne heimatliche Dinge.

O Poesie! Dir beten meine Worte,
Dass einmal du mir auftun magst die Pforte
Zu deinen Himmeln – oder sollt ich knien
Auf Bergeshöhen und die Harmonien,
Die deinem Mund entfliehn und mich umschweben,
Als dein getreues Echo wiedergeben?
O Poesie! Dir klagen meine Worte,
Dass einmal du mir auftun magst die Pforte
Zu deinen Himmeln! Möge meinem Flehen
Ein Lüftchen nur aus diesen Himmeln wehen,
Das – Lorbeerblüten eine luftige Wiege –
Mir trunkne Wollust bringt, der ich erliege.
Dann steigt vielleicht mein Geist am Sonnenlicht
Empor und schaut Apoll ins Angesicht;
Und kann ich höchste Seligkeit ertragen,
So werd ich bis ins Heiligste mich wagen.
Da wird dann moosige laubverborgne Stelle
31 Mir zum Elysium – zur ewigen Quelle,
Zum Buch, drin viel Entzückendes zu lesen

Von Blatt und Blume und von Spiel und Wesen
Der Wald- und Wassernymphen und von Zweigen,
Die eines Mädchens Schlummer kühl umschweigen,
Und mancher Vers von seltsam fremder Art,
Der wie aus andrer Welt sich offenbart.
Auch Fantasien werden mich umschweben,
Mir feierschöne Traumvisionen geben;
In frohem Schweigen will ich sie durchziehn,
So wie durch Schluchteneinsamkeit und Grün
Der Fluss Mäander seine Schleifen zieht.
Und komm ich in verwunschenes Gebiet,
In Zaubergrotte, in erhabnen Schatten,
Auf himmelferne grüne Bergesmatten,
Die strahlend stehn im bunten Blumenkleid,
Verschämt in ihrer eignen Lieblichkeit –
Dann schreib ich das, was Menschensinn versteht,
Auf meine Tafeln, dass es nicht vergeht,
Und werde dieser Welten Vielgestalten
Mit Riesenkräften greifen, fühlen, halten
Und meinen Geist mit Sporn und Ehrgeiz plagen,
Bis an den Schultern ihm die Schwingen ragen,
Die jedes Hemmnis freudig überwinden,
Ihn aufwärts ziehn, Unsterblichkeit zu finden!

Doch halt, bedenk! Ein einziger Tag ist Leben –
Tautropfen, der aus Wipfellaub soeben
Herniederrinnt – des Wilden Schlaf im Kahn,
Den Wirbelstrudel riss in Todesbahn.
Warum so schmerzliche Vergleiche geben?
Blühsehnsucht einer Rose ist das Leben,
Ein Buch, darin viel Abenteuer sind,
Ein übermütiges Mädchentuch im Wind,
Ein Vogel, der durch Sommersonne gleitet, 32
Ein Knabe, der auf Ulmenästen reitet
Und himmelfern von Sorge, Gram und Denken.

O nur zehn Jahre, tief mich zu versenken
In Poesie! dass ich das Ziel erfülle,

Das von mir selbst verlangt mein eigner Wille;
Dass ich durch diese Lande, die ich sehe,
Mit unermüdlich wachen Augen gehe!
Des alten Pan und Floras üppiges Reich
Durchstreife ich zunächst; im Gras am Teich
Geh ich zur Ruh und pflücke reife Beeren
Und darf, was Fantasie nur sieht, begehren:
Im Waldversteck die weißen Nymphen fangen,
Der Sträubenden viel Küsse abverlangen,
Auf zarte Schultern liebevoll vermessen
Inbrünstig diese kleine Wunde pressen,
Die sie erschauern macht, bis voll Erbarmen
Die Spröde mich umfängt mit Weibesarmen.
Und andre ruft mit anmutvollem Lächeln
Ein Taubenpaar, mir Kühlung zuzufächeln.
Und andre tanzt und schwingt mit flüchtiger Hand
Rund um den Kopf ihr grünendes Gewand –
Und tanzt und tanzt mit wohlgefälligem Fuß
Und lächelt Baum und Blumen ihren Gruß.
Und andre lockt und winkt und lockt und winkt
Mich durch den Hain, der hell in Blüten blinkt,
Bis tief in seine Blättereinsamkeit;
Dort liegen wir in solcher Traulichkeit
Verkettet und verschlungen, wie beisammen
Im stillen Muschelhaus zwei Perlen flammen.

Und kann ich diese Freuden je verlassen?
Ich muss es wohl, um Edleres zu fassen,
Ein Leben, das mich alle Leiden lehrt:
33 Was Menschenherz erkämpft, erträgt, begehrt.
Denn oh: Von dort, wo Bergesklüfte blauen,
Gleitet ein Wagen her aus Wolkenauen,
Den Mähnenrosse ziehn; der Lenker blickt
Aus in den Wind, ehrfürchtig und beglückt.
Und jetzt erschauert leise das Gespann
Am Wolkenrand; doch munter kommt sodann,
Vom Sonnenauge rings umstrahlt mit Gold,
In Fröhlichkeit das Rad herabgerollt.

Und immer tiefer wirbeln seine Speichen,
Bis sie den grünen Hügelhang erreichen;
Dort bleibt der Wagen zwischen Gräsern stehn.
Der Lenker spricht – wie seltsam anzusehn –
Zu Berg und Bäumen, und alsbald erscheinen
Gestalten, die da jubeln, staunen, weinen;
Sie wandern her auf grausig düstern Wegen,
Wo mächtige Eichen dräun – und rastlos regen
Sie müden Fuß, als wollten sie ein Lied
Erjagen, das mit flüchtigen Winden flieht.
Horch! Wie sie murmeln, lächeln, lachen, weinen,
Mit herbem Mund, erhobner Hand die einen,
Und andre haben tief in ihren Armen
Den Kopf begraben; manche gehn im warmen
Und hellen Glanz der Jugend durch das Grau,
Zurück sehn diese, jene hoch ins Blau.
Von Tausenden hat jeder seine Weise,
Und tausend ziehn vorbei. Im Schwesterkreise
Kommt tanzend eine Mädchenschar geschwirrt,
Das lange Haar in Locken aufgewirrt.
Nun breite Schwingen. Jener dort im Wagen
Beugt weit sich vor, und seine Blicke fragen,
Er scheint zu lauschen, seine Wangen brennen,
Er schreibt – o dürft ich dies Geschriebne kennen!

Die Bilder sind entflohn – Gespann und Wagen 34
Entflohn ins Himmellicht; mich aber plagen
Nun doppelt schwer die ganz realen Dinge
Es ist, als ob die Seele unterginge
In trübem Strom, im Nichts. Doch ich will sehr
Mich gegen Zweifel wehren: wach und hehr
Sei mir der Wagen und die seltne Fahrt,
Die er gemacht.

Hat denn die Gegenwart
Nicht Raum genug, dass Fantasie sich hebe
Und wie in alten Zeiten hoch entschwebe,
Die Rosse schirre, lichtwärts sie zu tragen,

Um sonderbare Taten dort zu wagen
In Wolkenfernen? Zeigte sie uns nicht
Das Atemhauchen des Vergissmeinnicht
So gut wie hoch des Äthers reines Wehen?
Lässt sie uns nicht den tiefen Sinn verstehen
Von Jupiters weitschweifigen Augenbrauen –
Und lässt uns doch die kleinen Wiesen schauen
Im zarten Frühlingsgrün? Ihr Altar ragte
Auch hier auf dieser Insel; wer wohl wagte
Den Chor zu übertönen, der ihr scholl,
In Harmonien brausend aufwärts schwoll,
Bis er im Weltenraum sich selbst verdichtet
Und machtvoll kreisend Klang auf Klang geschichtet
Zu riesigem Planet, der ewig rollt
Und ewig tönend durch Äonen tollt?
Ach, damals waren sie noch sehr geehrt,
Die edlen Musen, und man hielt sie wert,
Und keine Sorge konnte sie bedrücken,
Als nur zu singen, singend zu beglücken.

Konnt all dies der Vergessenheit verfallen?
Ja, Streit und Trug und Barbarei vor allen
War schuld, dass sich Apoll errötend wandte.
Der galt bei Menschen weise, der nicht kannte
Apollos Herrlichkeit; ach, sie regierten
Ein hölzern Schaukelpferd und triumphierten
Und hießen's Pegasus. O Geistesnacht!
Das Weltmeer rollte seine Wogenpracht,
Die Himmelswinde bliesen, und das Blau
Entblößte seine ewige Brust; der Tau
Beperlte hell das Kleid des Schmetterlings
Und schmückte alles: Schönheit wachte rings!
Was waret ihr nicht wach? Doch ihr wart blind
Für das, was fremd euch war – ein Labyrinth
Kleinlicher Regeln, elender Gesetze
Hielt euch gefangen, und in diesem Netze
Lieft ihr einher und fingt euch Verse ein –
Die wusstet ihr in Ordnung aufzureihn

Und zuzustutzen. Leicht war das Geschäft,
Handwerker ihr, die lüstern nachgeäfft
Der Poesie! Oh, wie ihr gottlos wart!
Ihr lästertet des Gottes Gegenwart
Und wusstet's nicht – o nein! Ihr gingt einher
Und schwenktet eure arme Fahne sehr,
Die schales Motto trug, darunter groß
Ein Wort: Boileau!

O die ihr körperlos
Und ewig unsre grünen Höhn umschwebt,
O ihr, vor denen meine Seele bebt
In so viel Ehrfurcht, dass sie wahrlich nicht
Die heiligen, verehrten Namen spricht
Vor so unheiligem Volk. – Hat euch die Schande
All derer nicht entsetzt? Hat euch am Strande
Der Themse das Gejammer wohl ergötzt?
Hat euer Weinen nie das Land genetzt 36
Am schönen Avon, niemals dort geklagt?
O nein, ihr habt wohl ganz lebwohl gesagt
Der Gegend, die den Lorbeer nicht mehr kannte,
Und nur gezögert noch, um euch verwandte
Einsame Seelen liebend zu umfangen,
Die schon in Jugend sich zu Tode sangen? –
Doch ich will nicht der schweren Zeiten denken,
Es brachen schönre an, denn mit Geschenken,
Mit frischen Kränzen habt ihr uns beglückt,
Und an so manchem Ort hört man entzückt
Viel süßeste Musik: Bald ist's ein Schwan,
Des schwarzer Schnabel auf kristallner Bahn
Das Wasser weckte – und des Wassers Singen;
Bald tropft ein melancholisch Flötenklingen
Aus Dornendickicht, traut im Tal verschlossen;
Die Erde ist von zartem Laut umflossen:
Beglückt seid ihr und froh!
Gewiss! Doch dröhnte
Oft donnergrollend der Gesang und höhnte
Die edle süße Majestät der Kunst:

Das Plumpe, Bärenhafte kam in Gunst,
Und Polypheme, die sich Dichter nannten
Und als Zerstörer gegen Throne rannten,
Begannen roh durchs große Meer zu wühlen.
Doch Poesie ist anders, ist zu fühlen
Als breiter ewiger Strom des Lichts, – ist Macht,
Die niemals schläft, doch stets nur milde wacht:
Sie ruht, und mit dem Schwung der Augenlider
Zwingt sie sich Tausende gehorsam nieder,
Und Güte ist ihr Zepter; Kraft allein,
Auch Musenkraft, kann nur ein Engel sein,
Der fiel und Freude hat an Nacht und Dornen,
An Grab und Leichentuch und an verworrnen
37 Und aufgewühlten Dingen und vergisst,
Dass aller Dichtung Ziel die Liebe ist,
Die freundlich tröstet und den Sinn erhebt.

Doch ich frohlocke, denn aus bittrem Kraut
Hebt – schöner als ihn Paphos je erschaut –
Ein Myrtenbaum die vollbeladnen Äste
Und feiert seine immergrünen Feste
Mit all den Vögeln, die voll Fröhlichkeit
In seinem Schutz zu Scherz und Spiel bereit,
Und die den Blüten ihre Lieder singen.
So lasst uns durch das Dickicht zu ihm dringen
Und um ihn her die Dornenbrut vernichten,
Dann finden einst die jungen Rehe dichten
Und blumigen Rasen hier – nichts störe sie
Als eines Liebenden gebeugtes Knie,
Nichts andres teile ihre Einsamkeit
Als eines Träumenden Gelassenheit!
Heil euch, ihr lieben, hoffnungsvollen Träume!
Nun bahnt sich Fantasie durch enge Räume
Den Weg zu allem Lieblichen und Schönen,
Und die wird man zu Dichterkönigen krönen,
Die herzensfrohe, schlichte Dinge geben.
O dürft ich diese Freuden noch erleben!

Wird man nicht sagen, meine Rede sei
Gar sehr verwegen, solche Schwärmerei
Verstumme lieber und verberge sich,
Denn unklug sei es sehr, so wissentlich
Sich abzuwenden von den breiten Pfaden,
Den Donnerkeil auf sich herabzuladen?
Nein! Flüchte ich, so sei es nur zur Schwelle
Der Poesie, in ihre Tempelhelle!
Und fall ich hier, so wird man mich bestatten
In tiefem feierstummen Pappelschatten:
Geschornes sanftes Gras wird mich bedecken 38
Und ein Gedenkwort die Erinnrung wecken.
Doch fort, Verzweiflung! Elendes Verderben!
Dich sollten die nicht kennen, die da werben
Um edles Ende, denen ewig dürstet!
Obgleich kein breites Wissen mich gefürstet
Und ich nicht weiß, wie sich die Winde drehen,
Die hier- und dorthin auseinander wehen,
Was Menschen tief ersannen, und obgleich
Nicht helle Einsicht aus dem dunklen Reich
Der Seele kommt, besiegend jede Schranke,
Rollt doch vor mir ein Stern, ein Weltgedanke,
Der mich durchstrahlt und der mich frei gemacht,
Sodass in mir ein klares Bild erwacht
Von Zweck und Ziel der Poesie; so klar
Ist mir dies Wissen wie: dass jedes Jahr
Vier Zeiten hat – so hell und fest gegründet
Wie auf dem Dom das Kreuz; und so verkündet
– O welch ein Feigling wär ich, wenn ich zagte –
Mein Mund getrost, was ich zu denken wagte.
Ach, lieber lasst mich wandeln blind und toll
Am Rand des schwarzen Abgrunds, lieber soll
Mein Schwingenpaar an Sonnenglut zergehen,
Dass ich kopfüber stürze! – Still, lass sehen!
Mein Innres mahnt zu mehr Bedachtsamkeit:
Ein dunkles Meer dehnt unermesslich weit,
Besternt mit Inseln, seine breiten Wellen.
Welch rastlos Mühn! Welch ungeheures Schwellen!

Wie könnt ich je dies ganze Meer durchziehen!
Vermessenheit! Nun müsst ich auf den Knien
Das widerrufen, was … Unmöglich! Nein!

So will ich ruhig und bescheiden sein.
Mag dieser stürmende Versuch, der zart
39 Begann, verebben auf gleich sanfte Art,
Und Friede sei! Und herzlich sei gedacht
Der Freundschaft, die so hilfreich sanfter macht
Den rauen Pfad zum Ruhm, der Brudergüte,
Die gern ihn schmückt mit mancher lieben Blüte, –
Des innigen Händedrucks, der Herzen bindet,
In Herzen tiefe Freudigkeit entzündet,
Dass unbewusst wohl ein Sonett entsteht
Und uns wie Traumwort von den Lippen weht,
Begeistrung weckt und andachtvolles Schweigen.
Ein ähnliches Empfinden mag sich zeigen,
Wenn wir mit kindlich ehrfurchtsvoller Hand
Aus seinem stillen Platz im Bücherstand
Ein sehr geliebtes Buch geholt und nun
Uns freun, den ersten Blick hineinzutun.
Kaum kann ich weiterschreiben, denn es heben
Sich Melodien, die Erinnern geben
An manches, was mich damals tief beglückte,
Als es zuerst die Seele mir entzückte:
Und es erscheinen mutige Gestalten,
Die sichern Griffs den heißen Renner halten –
Und Finger seh ich prächtige Locken teilen –
Und Bacchus wild zu Ariadne eilen.
Und vieles zieht aus flüchtigem Wort herauf,
Schlag ich versonnen ein Portfolio auf.

Derartige Dinge sind's, die eine Fülle
Von Bildern wecken: durch die Abendstille
Im Binsenwald des Schwans geruhiger Zug,
Im Dorngeheg des Hänflings hastiger Flug,
Ein durstiger Falter, der zur Rose fliegt
Und lustdurchbebt die goldnen Flügel wiegt,

Und manches Schöne mehr weiß ich zu finden;
Vor allem ihn mit seinen Mohngewinden,
Den stillen Schlaf, denn was an diesem Sang 40
Zu schätzen, dank ich ihm zumeist: Der Klang
Geliebter Stimmen hatte Platz gemacht
Dem gleich geliebten Wort der stillen Nacht,
Und in die Kissen lehnt ich mich zurück
Und sann dem Tage nach und seinem Glück.
Es war in eines Dichters Haus; da haben
Geweihte Stätten alle Freudengaben.
Rings von den Wänden lächelten der alten
Und großen Barden ewige Gestalten
In Bild und Büste still einander an.
Wohl dem, der auf die Zukunft hoffen kann
Für seinen Liebling Ruhm! – Dann sah ich hier
Der Faune und der Satyrn wilde Gier
Im duftigen Weinlaub wühlen und mit kecken
Gebärden braune haarige Hände recken
Nach eines Apfelbaumes reifer Frucht;
Dann ragte eines Tempels Marmorflucht,
Zu dem ein Mädchenzug sich hinbewegte,
Auf grünem Teppich schöne Füße regte:
Die Lieblichste hielt hoch die weiße Hand
Dem Glanz des Sonnenaufgangs zugewandt;
Dann zweier Schwestern freundliche Gestalten,
Die sich bedächtig an den Händen halten,
Und zwischen ihnen tappt ein kleines Kind;
Und andre stehn und lauschen in den Wind,
Der tauiges Flötenspiel herüberbringt. –
Ein ander Bild: Diana nah umringt
Von kecker Nymphenschar im kühlen Bade!
Dorf wo das Wasser schaukelt ans Gestade,
Ist es von Wasserlinsen ganz verhangen
Mit grünem Schleier, der in tiefen, langen,
Rhythmischen Atemzügen steigt und fällt,
Ganz wie der Wasserspiegel ebbt und schwellt.
Auch Sappho stand mit halbem Lächeln dort, 41
Der sanften Stirne herber Ernst war fort,

Und milden Blicks und heitren Angesichts
Sah sie herab und lächelte ins Nichts.

Und Alfreds Bild hing hier und blickte traurig,
Als lausche er beständig auf das schaurig
Hilflose Stöhnen der gequälten Welt;
Und jener andre leidensstarke Held,
Kosciusko, groß und einsam und verlassen.

Petrarcas Herzerschrecken und Erblassen
Beim Anblick Lauras, und sein Blick, der nicht
Von ihrem Antlitz lässt! O hier ist Licht
Und höchstes Glück, denn über ihnen waltet
Der Glanz der Poesie, und frei entfaltet
Sie ihre Schwingen und erschaut im Kreis
Viel Dinge, die ich nicht zu nennen weiß. –

Schon das Bewusstsein, wo ich war, genügte
Den Schlummer fernzuhalten, doch es fügte
Sich überdies Gedanke an Gedanke
Und bannte mich, sodass des Morgens schwanke
Lichtpfeile mich noch immer wachend fanden,
Da bin ich frisch und fröhlich aufgestanden,
Um auszuführen, was ich mir ersann:
Dies Bildgewebe, das ich schlaflos spann,
Mir festzuhalten. Ist's nicht gut, so wisst,
42 Mir ist es lieb, weil es mein Odem ist.

Isabella oder der Basilikumtopf

Schön Isabell wie eine Lilie rein!
Lorenzo einem jungen Palmbaum glich!
Des atemlosen Sehnens starre Pein,
Wenn sie einander sahn, sie jäh beschlich;
Doch durften sie einander nahe sein,
So war's als ob ein Alp von ihnen wich;
Und einsam, nachts, wenn sie einander fern,
Verband sie *eines* Traumes heller Stern.

Mit jedem Tag ward zärtlicher ihr Herz
Und zärtlicher und tiefer jede Nacht.
In Haus und Feld litt er der Liebe Schmerz,
Bis klar vor seinem Blick ihr Bild erwacht.
Und süßer schien sein Wort ihr als der Scherz
Des Windes, der in Blättern spielt und lacht;
Die Laute sang ihr seinen Namen nach,
Den ihre Nadel in die Seide stach.

Er wusste gut, wenn ihre zarte Hand,
Noch eh sie selbst erschien, die Tür berührt;
An ihrem Fenster hing sein Blick gebannt,
Bis er zu ihm ihr schönes Bild entführt;
Er sah zum Sternenhimmel unverwandt,
Weil er in ihm ihr Nachtgebet verspürt;
In banger Qual verbrachte er die Nacht,
Bis auf der Treppe hell ihr Schritt erwacht. –

Es war ein langer unruhvoller Mai,
Er grämte ihre jungen Wangen bleich.
»Ich schwöre mir, dass es nun morgen sei,
Ja, morgen fleh ich um mein Königreich!« –
»O wann, Lorenzo, wird dein Sehnen frei
Und spricht ein Wort, ein Wort, das himmelgleich?« – 43
So träumten sie in Nacht und Einsamkeit –
Der Tag fand ihn zu reden nicht bereit.

Und als der Rosen frohe Pracht erblüht,
Ward Isabellens Wange fahl und schmal,
Wie einer Mutter Wange, die verblüht
Bei ihres Kindes Fieberkampf und Qual.
»Wie krank sie ist«, sprach er, »o mein Gemüt,
Nun schweige, – nein, bekenne deine Wahl:
Die Tränen, ihre Tränen sind ja dein,
Und deinem Leiden wohl gilt ihre Pein.«

So sprach er zu sich selbst. Den ganzen Tag
War seines Herzens Schlag wie Hammerklang,
Weil seine Seele in Inbrünsten lag
Und betete um Mut und fiel und rang.
Der Hochflut seines Blutes unterlag
Der Stimme Kraft und seiner Sehnsucht Zwang;
Sie wurde sanft, demütig wie ein Kind:
Ja, sanft und dennoch wild, wie Kinder sind.

So wär es beinah wiederum geschehn,
Dass trüb die Nacht sein Liebesleid umschloss,
Hätt' Isabella nicht den Blick gesehn,
Der hingegeben ihr sein Herz ergoss;
Und seine Stirne sah sie bleich vergehn
Und wieder jäh sich röten; ach, da floss
Von ihren Lippen zag der süße Laut:
»Lorenzo!« – ihr aus Träumen so vertraut.

»O Isabella! Ist es mehr als Traum,
Dass ich dir sagen darf von meinem Weh?
O Gütige! Gib der Verzeihung Raum,
Da ich so kühn, so hoffend vor dir steh!
Sieh, meine Seele bebt und atmet kaum,
44 Weil ich in deinem Aug ihr Schicksal seh –
Doch keine Nacht soll mehr in Qual vergehn,
Nein, frei will ich mein Hoffen dir gestehn!

Liebe! Du wecktest mich aus kalter Nacht!
Herrin! Du führest mich in Sommerglut!

Dem Kuss des Sonnenmorgens sind erwacht
Alltausend Blüten, die im Lenz geruht!« –
Die Seligkeit von seinem Antlitz lacht,
Und seine scheuen Lippen finden Mut.
Oh, ihre Wonne wuchs so licht empor,
Wie in den Morgen rings der Blumenflor.

Und scheidend schwebten sie so leicht beschwingt
Wie Zwillingsrosen, die ein Zephir wiegt
Und trennt und inniger zusammenbringt,
Dass Duft in Duft und Glut in Glut sich schmiegt.
Sie schritt und sang: »In meinem Herzen singt
Ein Vöglein, das der Liebeslust erliegt ...«
Und er stieg einen Hügel schnell hinan
Und betete die Abendsonne an.

Und eh die Dämmerung den Schleier hob
Vom Sternenlicht, war eins dem andern nah,
Und eh die Dämmerung den Schleier hob,
War jeden Abend eins dem andern nah,
In stiller Laube, die Muskat umwob,
Wo keiner je sie hörte oder sah –
Ach, gut und süß war die Verborgenheit,
So fern den Menschen und so fern dem Leid.

Doch als das Leiden kam, traf es sie sehr? –
O nein! Zu tief ist unser Mitgefühl,
Die Tränen bittrer Wehmut sind zu schwer,
Die Mitleid weint an ihrem letzten Pfühl,
Und Liebende, die leiden, gibt es mehr,
Die wohl am besten ruhten still und kühl;
Nur Theseus, ach, fand selbst im Tod nicht Ruh:
Jenseits des Meers nickt sein Gemahl ihm zu.

Doch pflegt es in der Liebe so zu sein,
Dass ihr ein süßer Augenblick aufwiegt
Ein vollgerüttelt Maß von Gram und Pein.
Obgleich schön Isabell vom Harm besiegt

Und auf Lorenzos Grab kein Marmorstein
Sich gleißend spreizt – ja dennoch, dennoch liegt
In Bitternis selbst Lust, das weiß gar gut
Die Biene, die am Giftkelch saugend ruht.

Mit zweien Brüdern lebte Isabell;
Sie trieben Handel nach ererbtem Brauch.
Es plagte sich für sie manch jung Gesell
In dumpfer Gruben faulem Dunst und Rauch;
Manch kraftgestraffte Lende siechte schnell
An Wunden, die die Peitsche hieb, und auch
Im Glanzgeflirr des Flusses mancher stand,
Der Erzgewinnung opfernd Aug und Hand.

Es stieg der Taucher zu des Haifischs Gier
Hinab in Indiens Meere nur für sie,
Die Robbe schrie, ein pfeilgespicktes Tier,
Auf weißer Eisprärie, sterbend für sie,
Und Leidgeschlagne gab es tausend schier,
Die Tag und Nacht sich schindeten für sie;
Wie mahlte doch der Geldgier blinde Sucht
Für diese Armen gar so bittre Frucht!

Woher ihr Stolz? Weil der Fontänen Strahl
Viel stolzer strömt, als müdes Elend weint? –
Woher ihr Stolz? Weil sanfter sich zu Tal
Orangenhügel stufen, als versteint
Die Stufen abwärts führen vom Spital? –
46 Woher ihr Stolz, dem Milde nicht vereint?
Woher ihr Stolz, den gar kein Leiden schmolz?
Woher in Teufels Namen all ihr Stolz?

Es schlossen diese Florentiner so
In blinder Gier sich ab von aller Welt
Wie zwei Hebräer, die, verfilzt und roh,
Von Hass verfolgt, ganz nur auf sich gestellt.
Maulesel waren sie, die Gold und Stroh
In Speicher schleppten, brüderlich gesellt

Dem Lug und Trug und nimmersatten Geiz,
Denn nur Gewinn, Gewinn bot ihnen Reiz.

Ach, wie erspähten diese Blinden nur
Schön-Isabell im heimlich stillen Nest?
Und in Lorenzos Blick die süße Spur
Vom Liebesfest? – O ganz Ägyptens Pest
In ihren Argwohn, der dies Glück erfuhr!
Wie kannten diese Blinden Ost und West?
Doch wer zu ihnen kam, arglos und mild,
Der wurde bald ein müdgehetztes Wild. –

O vielberedter, vielberühmter Mann,
Boccacc', ich flehe um Vergebung dich;
Die Düfte deiner Myrten fleh ich an
Und deine Lilien, deren Rot verblich,
Seit deiner Laute Letztakkord verrann,
Und deine Rosen, die dem Monde sich
Verlobt – vergebt der schrillen Dissonanz
In dieses Liedes schlichtem Blütenkranz.

Vergib mir, Dichter! Und es wird mein Sang
Fortschreiten nun in schicklich ernstem Stil.
Welch toller Einfall war es, der mich zwang
Um alte Kunde neuer Reime Spiel
Zu ziehn! Doch ist's geschehn (und wenn's misslang)
Zu deinem Preis, denn sieh, es war mein Ziel, 47
Die Blüte, die dem Süden süß entsprang,
Zu wecken in des Nordwinds wildem Klang. –

Die Brüder also hatten bald entdeckt,
Wie's um Lorenz und Isabell bestellt.
Wie wurde da ihr böser Zorn geweckt,
Da nun ein lang gehegter Plan zerschellt!
Sie sahen sich von ihm, der sich erkeckt,
Zu ihrer Schwester aufzusehn, geprellt,
Denn ihre Habsucht traf schon längst die Wahl:
Ein reicher Grundherr nur sei ihr Gemahl.

Und hasserfüllt berieten nun die zwei,
Und jeder grübelte für sich allein,
Bis sie sich einig, was das Beste sei,
Von jenem Lästigen sich zu befrein.
Und endlich war erdacht die Teufelei,
Und endlich kamen beide überein:
An irgendeinem fernverborgnen Ort
Mord zu begehen – schauerlichen Mord.

Und so, als einst im frühen Morgenlicht
Auf dem Altan Lorenzo sich erging
Und glücklich war in lieber Zuversicht,
Und bunt der Tau an Blatt und Blüten hing,
Da riefen sie mit freundlichem Gesicht
Zu ihm hinauf: »Lorenzo, komm und schwing
Dich schnell aufs Ross, zu reiten durch den Hag,
Noch ist es kühl, doch wird's ein heißer Tag.

Wir wollen auch … vielmehr es scheint uns gut ...
Kurz – mitzureiten plagt uns ein Gelüst;
Drum, bitte, komm, eh noch der Sonne Glut
Den Hagebuttenrosenkranz geküsst.« –
Und höflich grüßte er die Schlangenbrut.
48 Und eilte dann, betört von so viel List,
Betört auch von des Sommermorgens Pracht,
Schnell anzulegen knappe Weidmannstracht.

Dann schritt er durch des Hofes Säulengang
Und blieb oft stehn und lauschte oft empor,
Ob nicht etwa der Herrin Morgensang
Herab zu seiner Sehnsucht sich verlor –
Ganz hingegeben seiner Liebe Zwang.
Da schlug ein süßes Lachen an sein Ohr;
Er blickte auf und sah so zart und licht
Am Gitterfenster lächeln ihr Gesicht.

»Heil, Isabell!«, rief er. »Gebenedeit,
Dass ich dich grüßen durfte, eh ich ritt!

Drei arme Stunden nur Abwesenheit –
Und schon hängt Sorge sich an meinen Schritt.
Doch, was der Liebe dieser Tag entleiht,
Bringt überreich der traute Abend mit.
Lebwohl, du Liebste, du!« »Lebwohl auch du!«
Und munter singend grüßte sie ihm zu.

Durchs liebliche Florenz ging nun der Ritt
Der drei Gefährten zu des Arno Strand,
Wo sich die Strömung mit den Strudeln stritt
Und an den Ufern tanzend Band bei Band
Das scharfe Schilf die schnelle Flut zerschnitt.
Die Brüder bleich, Lorenzo liebdurchbrannt,
Durchquerten sie den seichten Strom, und bald
Umbrauste sie ein grausig düstrer Wald.

Dort ward Lorenz erschlagen und verscharrt.
Doch seine Seele, die so heiß geloht,
Die auf der Liebe höchstes Glück geharrt,
Sie ächzte nun in unerhörter Not,
Ihr warmer Lebensstrom war jäh erstarrt,
In Eisesfrost gebannt durch blutgen Tod. – 49
Die Mörder wuschen ihre Schwerter rein
Und jagten wieder nach Florenz hinein.

Der Schwester sagten sie: nach fernem Land,
Mit dringenden Geschäften reich betraut,
Sei heut zu Schiff Lorenzo abgesandt. –
Nun nimm den Witwenschleier, junge Braut,
Leg an der Witwen trauerndes Gewand!
Oh, Fluch der Hoffnung, der du süß vertraut!
Du wirst ihn heut nicht sehn und morgen nicht,
Und niemals mehr grüßt dich sein Angesicht.

Sie weint um Freuden, die nun nicht mehr sind,
Sie weinte bitterlich bis in die Nacht.
Wie schien ihr sonst der Abend lieb und lind,
Weil überreiche Wonnen er gebracht –

Jetzt sah ihr Auge sich im Dunkel blind,
Bis in den Schatten ihr sein Bild erwacht,
Und immer wieder ihrem Mund entfloh
Der Schmerzenslaut: »Lorenzo! Wo, o wo?«

Doch Selbstsucht hielt nicht lang in ihrer Brust
Der Schmerzen wilden Nachtbrand angeschürt;
Wohl bangte sie nach all der süßen Lust,
Die mit so flüchtgem Kuss sie erst berührt –
Nicht lange doch – denn bald hob sich bewusst
Die Trauer, die nichts Kleinliches mehr spürt,
Und Sorge, dass der Reise Unrast gar
Für ihre junge Liebe voll Gefahr. –

Aus Nordlands Höhlen weht wie Todes Hauch
Zur Herbstzeit schon des Winters Atem schwer
Aufs Laub und wirft es welk von Baum und Strauch,
Der kranke West tanzt mit dem toten Heer
Den Totentanz im bleichen Nebelrauch;
Und liegt das Land ergraut und stumm und leer,
Dann stürmt der Winter ein. O Isabell,
Auch deiner Schönheit Herbst kam allzu schnell.

Denn kein Lorenzo kam. Und welk und bleich
Ward ihre Wange von so herbem Gram.
Sie fragte oft die Brüder, welch ein Reich
Nun für so lange schon ihn von ihr nahm?
Da logen sie von Mal zu Mal. Ihr Streich
Wie Rauch vom Tale Hinnom auf sie kam;
Sie konnten keine Nacht dem Alp entgehn,
Die Schwester tot im Totenhemd zu sehn.

Sie würde auch, in Leid gestorben sein,
Doch da war etwas, das noch finstrer war
Als Tod; es kam in plötzlich bittrer Pein,
So wie im Todeskampf oft wunderbar
Noch einmal glüht des Lebens Widerschein;
Es kam wie Lanzenstich, der grausam klar

Den Wilden weckt im rauchdurchbeizten Zelt,
Dass schreiend er aus tiefstem Schlafe schnellt.

Es war ein visionäres Bild: – In Nacht,
In träger Mitternacht Lorenzo stand
An ihres Lagers Rand und weinte sacht:
Erloschen war in Grabes feuchtem Sand
Des goldnen Haares sonnenwarme Pracht,
Erloschen seiner Lippen roter Brand,
Der Stimme Wohllaut tot, und gramestief
Am Ohr vorbei die Tränenrinne lief.

O grausig klang es, wenn der Schatten sprach;
Denn seine arme Zunge mühte sich
Zu sprechen, wie sie einst auf Erden sprach,
Und Isabella lauschte bitterlich:
Wie seine Stimme oft sich zitternd brach,
Als wenn ein Wind gelähmte Harfen strich; 51
Als wenn ein heisrer Wind durch Dornen stöhnt,
So war von Ächzen jedes Wort durchtönt.

Und seltsam – das Phantom entsetzte nicht
Das arme Weib; sein Blick war mild und groß,
Von Gram verwirrt und doch von Liebe licht;
Es redete: Es sprach vom Todesstoß,
Vom Mord im tiefen Wald, und wie so dicht
Sein Grab bewachsen sei mit Kraut und Moos,
Wie schwarze Fichten hielten Totenwacht,
Dort wo die Mörder ihre Tat vollbracht.

Und weiter sprach es: »Süße Liebste du!
Waldbeeren reifen über meinem Mund,
Ein schwerer Stein deckt meine Füße zu,
Die hohen Buchen stehen blätterbunt
Und werfen Frucht herab; die Waldesruh
Durchirrt ein ferner Ruf von Hirt und Hund;
Das Heidekraut ist rot; o komme bald,
Komm bald und weine bei dem Grab im Wald.

Ich bin ein Schatten nun, der das Gebiet
Des Lebens von den Grenzen nur erschaut;
Ich singe nun allein das heilge Lied
Zum Ruf der Glocken, der mir so vertraut;
Und wenn das Kraut ein Bienenschwarm durchzieht,
Wie lauscht mein Ohr des Lebens süßem Laut,
Des Lebens – darin meine Liebe lebt,
Dem ferner, ferner stets mein Geist entschwebt.

Ich weiß, was war, ich fühle tief, was ist,
Und würde rasen, könnte das ein Geist!
Dass du um mich so bleich, so leidend bist,
Durchglüht mein Grab, als würde es umgleißt
Von einem Glanz der überirdisch ist;
52 Ach, ich vergaß, was Erdenwonne heißt:
Doch heiliger die Liebe mich durchdringt,
Seit deine bleiche Seele um mich ringt.« –

Der Geist entschwand, nachdem er dies gesagt.
In leisen Wellen wogte rings die Nacht,
So wie das Dunkel tanzt, wenn wir verzagt
Im Bett des Tages harte Müh bedacht
Und von der stürmenden Gedankenjagd
Verfolgt, gehetzt, kein Auge zugemacht.
Und Isabella fuhr verwirrt empor
Und starrte in den leeren Nebelflor.

»So gibt es«, rief sie, »schlimmeres als Qual?
So kannte ich des Schicksals Fluch noch nicht,
Da ich gemeint, nur dieses sei die Wahl:
Glück – oder Tod, wem es an Glück gebricht;
Doch hier ist Schuld – des Bruders blutiger Stahl!
O Dank, Geliebter! Dank für den Bericht!
Ja, morgen grüßt dich meiner Liebe Kuss,
Und wenn ich dich im Himmel suchen muss!«

Und als der Morgen kam, da war gefasst
Ihr Plan, zu prüfen, was der Geist verriet,

Dem Liebsten, den die Brüder so gehasst,
Den letzten Gruß, das letzte Liebeslied
Zu weihn. Kaum war der Sterne Licht verblasst,
So eilte sie ins ferne Waldgebiet,
Und dass nicht Argwohn folge ihrem Schritt,
Nahm sie die alte treue Amme mit.

Sieh nur! Sie eilen hin am Uferrain,
Und Isabella spricht von ihrem Gram,
Vom Heidekraut und von dem schweren Stein
Und zeigt ein Messer, das sie mit sich nahm.
»O Kind, wie leidest du so harte Pein!
Wann wirst du wieder froh?« – Der Abend kam, 53
Da hatten sie Lorenzos Grab entdeckt,
In Moos und Kraut und Beeren tief versteckt. –

Wer je das grüne Gräberfeld durchschritt,
Der wühlte wohl im Geist in Lehm und Sand,
Bis er von allen, die die Sense schnitt,
Die hohlen Schädel und die Knochen fand,
Und schauderte, wie sehr wohl jeder litt,
Als würgend ihn erfasst des Todes Hand ...
Ach, qualvoll mochte wohl sein Mitleid sein –
Qualvoller noch war Isabellas Pein.

Ihr Blick durchdrang der Grube dunklen Schlund,
Doch sah er Tod und Wurm und Moder nicht:
Sah wie aus klaren Quells kristallnem Mund
Lorenzos Leib, Lorenzos Angesicht.
Wie eine Lilie, die in Grabes Grund
Die Wurzel schlug, so stand sie ernst und licht;
Dann sank sie hin und grub so fiebernd heiß,
Wie nur der Schmerz sich einzugraben weiß.

Bald lag ein Handschuh aufgewühlt, von ihr
Einst selbst mit bunter Stickerei geschmückt –
Wie küsst sie nun die fast verblasste Zier!
An ihrer süßen Brust, die nie beglückt

Sich füllen sollte für des Säuglings Gier,
Verbirgt sie ihn, und seine Kälte drückt
Wie Todeshand ihr Herz. Sie sprach kein Wort,
Strich nur das Haar zurück – und suchte fort.

Betroffen stand die alte Magd dabei,
Bis mit der Armen Mitleid sie empfand,
Und sie begriff, wie schwer die Arbeit sei
Für Isabellas ungeübte Hand;
Sie kniete hin und stand der Herrin bei.
54 Drei Stunden gruben sie so unverwandt;
Da endlich war's geschehn – und ernst und licht
Blieb Isabell und schrie und raste nicht. –

Was öffne ich des Grabes Moderschacht,
Dass schwarz sein schaudervoller Rachen gähnt? –
Ach, ob des alten Liedes süßer Pracht,
Des Liedes, dem die Sage ich entlehnt!
O Leser, der für solcher Liebe Macht
Noch tiefres Wort, noch reinern Klang ersehnt,
Lies die Romanze, lies den alten Sang,
Der machtvoll alle Herzen einst bezwang! –

Wohl war viel stumpfer als des Perseus Schwert
Der Stahl, der jetzt ein Haupt vom Rumpfe schnitt,
Doch war's ein Haupt, so schön und liebenswert,
Dass selbst im Tode nicht sein Zauber litt.
Die Liebe höret nimmer auf! So lehrt
Ein altes Wort. O wie in Liebe stritt
Jung Isabella um Lorenzos Haupt –
In Liebe, die kein Grabeshauch beraubt!

Und Isabella nahm den Kopf mit fort
Und kämmte seines Haars verblassten Schein
Und pflegte sorglich ihren heiligen Hort:
Um seiner Augen hohle Kämmerlein,
In denen Licht und Liebe jäh verdorrt,
Flocht Locken sie und weinte still hinein

Und wusch den Schatz mit Tränen kühl und klar
Und küsste ihn und kämmte neu sein Haar.

Sie nahm ein Tuch, dem seltne Spezerein
Gar auserlesnen Wohlgeruch verliehn,
Und tauchte es in einen Saft hinein
Von Blumen, die nur in Arabien blühn;
Das sollte nun des Kopfes Bahrtuch sein.
Sie barg ihn gut darin und legte ihn
In einen Topf und pflanzte süßes Kraut,
Basilikum, darauf und weinte laut.

Und sie vergaß das Mond- und Sternenlicht,
Und sie vergaß den blauen Sonnentag,
Und sie vergaß, was Wind und Welle spricht,
Und sie vergaß den bunten Herbst im Hag;
Und wenn der Tag erstarb, sie sah es nicht,
Und sah den neuen Morgen nicht: Sie lag
Nur immer weinend bei dem lieben Kraut,
Das bis ins Herz mit Tränen sie betaut.

Und so getränkt wie nie ein Kraut zuvor
Erhob es sich in grüner Üppigkeit
Und duftete wie nie ein Kraut zuvor
Auf Florentiner Beeten weit und breit.
Wann spross auch je Basilikum empor
Auf einem Boden, so voll Fruchtbarkeit
Wie Menschenleid, wie Herzensnot und Tod!
Wann war's ein Menschenkopf, der Dünger bot!

Verbirg, o Muse, trauernd dein Gesicht
Und raste stumm, wo dumpf Verzweiflung stöhnt
Wie eine Stimme, die aus Grüften bricht
Und hohl in dunklen Tiefen wiedertönt.
Hier lass den Tod sich freuen, der verspricht,
Dass sich in ihm der tiefste Gram versöhnt;
Er setzt ein mildes Licht auf alle Pein:
Im Totenhof den bleichen Marmorstein.

Ihr trauertiefen Töne schluchzt und bebt!
O weint, ihr Saiten meiner Leier, weint,
Dass wild aus euch des Schmerzes Sturm sich hebt
Und mit des Windes Klage sich vereint!
Wann hätte je ein Weib wie sie gelebt,
56 Dem so das Schicksal alles Glück verneint!
Der Palme gleich, die man des Safts bestahl,
So stirbt sie hin in langsam bittrer Qual.

O stört ihr sanftes Sterben nicht! O quält
Sie nicht noch roh ins nahe Grab hinein! –
Doch ach, die Brüder, deren Herz verstählt
Von Gier und Geiz, sie konnten nicht verzeihn,
Dass ihre Schwester sich dem Gram vermählt,
Statt eines reichen Grundherrn Braut zu sein;
Und auch Verwandte forschten oft und viel,
Warum sie mied der Jugend Tanz und Spiel.

Die Brüder hatten staunend bald entdeckt,
Dass dem Basilikum ihr Weinen galt:
Das blühte wunderprächtig, wie erweckt
Durch Zauberwortes wirkende Gewalt;
Doch welcher Wert lag denn darin versteckt,
Dass Isabell dem Kraut zuliebe kalt
Für alle Freuden war und wahnbestrickt
Selbst *den* vergaß – den weil man fortgeschickt!

Sie harrten lange auf Gelegenheit
Dem Rätsel heimlich auf den Grund zu sehn,
Doch nie entfernte Isabell sich weit
Und wollte kaum zum Beichtgang sich verstehn.
Und wie's den Vogel treibt zur Brütezeit
Ins teure Nest zurück mit Windeswehn,
So flog sie unruhvoll zum Hort zurück
Und weinte dort bei dem begrabnen Glück.

Und dennoch stahlen sie das Kraut ihr fort,
Durchwühlten es bis auf der Wurzeln Grund:

Ein Totenkopf, Lorenzos Kopf lag dort –
Wie schnell erkannten sie den grausen Fund!
So rächte furchtbar sich der frevle Mord.
Entsetzt entflohen sie zur selben Stund – 57
Fort von Florenz und fort von Hab und Gut,
Verbannt, verdammt durch feig vergossnes Blut!

Verbirg, o Muse, trauernd dein Gesicht!
O weint, ihr Saiten meiner Leier, weint –
Wie eine Stimme, die aus Gräbern bricht
Und mit des Windes Klage sich vereint!
Ach, Isabell ertrug dies Letzte nicht,
Zu tief schon hat ihr bittres Leid geweint:
Vom Harm verwirrt, neigt einsam sie das Haupt,
Des letzten Trosts, der Tränen selbst beraubt!

Wie blickte Mitleid bittend sie umher
Und sprach die toten Dinge zärtlich an
Und fragte sie, wo ihr Basiltopf wär.
Und kam des Wegs vorbei ein Wandersmann,
Sie hielt ihn an und bat und flehte sehr,
Und wenn er ratlos schwieg – wie klagte dann
In stumpfen Schmerz sie stets das gleiche Wort:
»Was nahmt ihr mein Basilikum mir fort!«

So starb sie einsam hin in müdem Gram,
Nach dem Basiltopf fragend bis zum Tod.
Da war es ganz Florenz, das Anteil nahm
Und solchem Liebesleid sein Mitleid bot –
Bis dass ein Lied von Mund zu Munde kam,
Ein traurig Lied von Isabellas Not;
Und heut noch singt das alte Volkslied dort:
»Was nahmt ihr mein Basilikum mir fort!« 58

Sankt Agnes Abend

Sankt Agnes Abend – oh, wie fror die Welt!
Kalt saß der Kauz trotz dickem Federkleide,
Der Hase hinkte matt durchs eisige Feld,
Wollpelzige Schafe bebten in der Heide.
In starren Fingern hing der Rosenkranz
Des Beters, dessen Atem dampfend jagte
Wie gottgefälligen Weihrauchs frommer Tanz
Und um der Jungfrau Bild, das strahlend ragte,
Wie Wolke wehte, während er Gebete sagte.

Demütig betet er, der heilige Mann,
Bis er sein Licht ergreift, um aufzustehen
Und bleich und barfuß sachten Schrittes dann
Durch der Kapelle Chorgang fortzugehen.
Die Totenstatuen geben ihm Geleit,
Die hinter schwarzen Fegefeuergittern
Gefangen beten voll Beredsamkeit:
Er geht vorbei an Damen und an Rittern
Und denkt der Qual, in der wohl deren Seelen zittern.

Er wendet nordwärts sich durch enges Tor,
Da plötzlich singt Musik mit goldnen Zungen –
In Tränen lauscht der arme Greis empor,
Doch nein – ihm hat sein Glöckchen schon geklungen:
All seines Lebens Freuden sind verhallt,
Ihn will Sankt Agnes Abend büßend sehen!
Fort eilt er, sitzt in rauer Asche bald,
Um nachtdurchwachend Gnade zu erflehen,
Um Sünders Lohn durch Leid und Reue zu entgehen.

Ein sanft Präludium hatte er erlauscht;
Und das kam so: Auf standen Tür und Schranken
Für eiligen Dienst. Bald kam herabgerauscht
59 Der silbernen Trompeten helles Zanken.
Die ebnen Hallen harrten voller Stolz

Und glühten, tausend Gäste zu empfangen;
Geschnitzte Engel spähten starr vom Holz,
Das rückgewehte Haar umfasst von Spangen,
Die Flügel kreuzweis unter kindlich runden Wangen.

Dann brach herein die laute Lustbarkeit
Mit Feder, Tiara und mit buntem Glanze,
Zahlreich, wie Schatten zahlreich sind im Leid,
Und so voll Prunk wie höfische Romanze –
Die alle denkt euch fort, und wollt euch still
Und andachtsvoll zu einem Fräulein kehren,
Die heut Sankt Agnes' Huld erflehen will,
Um tiefen süßen Liebestraum zu mehren,
Gut eingedenk der alten Frauen weisen Lehren.

Sie sagten, dass den Jungfraun Agnes' Nacht
Entzückende Visionen oft bereite,
Dass in der honiglichen Mitternacht
Der Liebste huldigend ans Lager gleite,
Falls sie nur recht erfüllten das Geheiß:
Sie müssten ohne Nachtmahl schlafen gehen,
Sich rücklings betten und um keinen Preis
Zur Rechten oder Linken um sich sehen,
Nur mit erhobnem Blick um Wunschgewährung flehen.

Und Magdalen sann diesem Märchen nach,
Empfand nicht der Musik verzücktes Tönen,
Die wie mit Göttermund in Seufzern sprach;
Ihr Mädchenblick; gesenkt, sah mancher Schönen
Prunkschleppe gleiten – doch sie achtet's nicht.
Manch Kavalier, der zarten Gruß ihr sagte,
Trat still zurück – sie aber blickte nicht,
Da ihre Seele nach ganz andrem fragte,
Um Agnes' Traum, den süßesten des Jahres, zagte.

Mit fernverlornem Blick schritt sie daher,
Ihr Atem flog, die Lippen bebten trunken,
Die heilige Frist war nah. Sie seufzte schwer,

Inmitten all des Lärmens traumversunken.
Und Flüstern, Lachen, Spott und Liebesschwur
Und Trommelbraus und Blick voll Dank und Strafe
Schien Traum zu sein: Sie dachte wachend nur
An Agnes, ihre ungeschornen Schafe
Und was an Seligkeit sie finden sollt im Schlafe.

Sie sehnte sich, nun bald allein zu sein –
Und blieb doch noch. Indes war über Moore
Jung Porphyro, gequält von Liebespein
Um Magdalen herbeigeeilt. Am Tore,
Im Pfeilerschatten harrt er und beschwört
Die Heiligen, sein Warten zu entgelten
Mit günstigem Augenblick, der ihm gehört:
Nur schaun, nur knien vor ihren seligen Welten!
Und sprechen – fühlen – küssen! – Tat man dies so selten?

Er schleicht hinein. O schlummre nun, Verrat,
Kein Auge spähe! Sonst, sein Herz zu morden,
Sein liebefiebernd Herz, wär wild genaht
Ein Heer von Schwertern, denn barbarische Horden,
Zornheiße Feindesbrut enthielt dies Schloss;
Die Hunde würden selbst mit rauer Kehle
Ihm Flüche heulen, ihm und seinem Tross.
Ein Weib nur trotzte diesem Hassbefehle,
Ein altes Mütterchen, das siech an Leib und Seele.

Ah, Zufallsglück! Das alte Weibchen kam
Am Krückstock hinkend langsam hergeschlichen,
Und da sie ihre Schritte dorthin nahm,
Wo er, der Fackel und den feierlichen
Gesängen fern, im Säulenschatten stand,
61 Schrak sie zurück mit angstverwirrtem Lallen.
Doch sie erkannte ihn, nahm seine Hand:
»Oh, Porphyro! Hinweg aus diesen Hallen,
Die ganze Sippe wird dich wütend überfallen!

Hinweg! Hinweg! Hier ist dir alles feind!
Zwerg Hildebrand verfluchte dich im Fieber,
Und selten war ein Fluch so ernst gemeint.
Und auch Held Moritz säh dich wahrlich lieber
Tot als lebendig! – Weh, o weh mir! Flieh!«
»Ach, Freundin! Niemand wird uns hier entdecken,
Nimm Platz auf dieser Bank und sag mir, wie –«
»Ihr Heiligen! Man wird dich niederstrecken!
Komm, folge mir! Sonst wird dein Blut den Boden flecken.«

Durch niedre Bogengänge folgte er,
Die hohe Feder grau von Spinngeweben.
Mit Weh und Seufzen schlich die Alte her –
Dann sah er sich von kleinem Raum umgeben,
Der kühl und schweigend voller Mondschein schwamm.
»Sag, wo ist Magdalen?«, sprach er. »Ich flehe
Bei Agnes' Webstuhl, der so wundersam
Nur heiliger Schar erlaubt, dass sie ihn sehe,
Nur heiliger Schwesternschar, dass sie den Faden drehe.«

»Sankt Agnes! Ah, es ist Sankt Agnes Nacht!
Doch Menschen morden auch an heiligen Tagen.
Du hast wohl über Feen und Elfen Macht
Und kannst in Hexensieben Wasser tragen,
Dass du so kühn bist? Wahrlich, Porphyro,
Du wunderst mich! – Sankt Agnes Abend heute!
Die junge Herrin wartet glaubensfroh,
Dass Agnes ihr zukünftige Freuden deute.
Ach, lachen muss ich über solche jungen Leute!«

Sie kicherte im matten Mondenschein,
Und Porphyro betrachtet sie mit Staunen, 62
Wie wohl ein Kind ein altes Mütterlein,
Das ihm von Wichteln spricht und von Alraunen.
Bald aber leuchtete sein Auge auf,
Als seiner Dame Absicht sie berichtet,
Sehnsüchtige Tränen stiegen in ihm auf:

O junge Seele, die sich gläubig richtet
Nach all dem Spuk, den kaltes Alter ihr erdichtet!

Da kam ihm ein Gedanke, der wie Blühn
Von roter Rose ihm die Stirn betaute
Und Aufruhr warf ins Herz; der Plan war kühn,
Den er dem armen Weiblein nun vertraute.
»Oh«, rief sie, »wie du schlecht und gottlos bist!
Willst du der Herrin kindlich frommes Walten,
Gebet und Traum mit unverschämter List
Und frevlerischem Tun zum Narren halten?
Geh, geh! Du bist nicht der, für den ich dich gehalten!«

»Bei Gott! Ich schwör's, ihr soll kein Leid geschehn!«
Sprach Porphyro. »O mögen keine Gnaden
Dereinst an meinem Sterbebette stehn,
Käm nur ein Haar auf ihrem Haupt zu Schaden
Und säh ich roh in Leidenschaft sie an.
Sieh, diese Tränen sind ein Wahrheitszeichen!
Doch willst du, Treuste, mir nicht glauben, dann
Ruf ich jetzt selbst dem Feind und seinen Streichen,
Mag diese Meute auch den wilden Wölfen gleichen.«

»Ach! Was erschreckst du eine Seele so,
Die schwach, gelähmt, dem Grabe schon verfallen,
Die nur noch eines kann, mein Porphyro:
Von früh bis spät für dich Gebete lallen.« –
Ihr Klagen rührte ihn, und er begann
Sein stürmend Herz in sanftres Wort zu zwingen,
63 Sodass sein Leid ihr Mitgefühl gewann
Und sie versprach, in diesen Liebesdingen
Ihm beizustehen – sollt es ihr auch Unheil bringen.

Sein Wunsch war der: In aller Heimlichkeit
Soll sie in Magdalens Gemach ihn führen,
Versteckt dort will er die geliebte Maid
Nur sehn, nur seiner Dame Nähe spüren,
Nur lauschen, was den Feen sie vertraut,

Die bleicher Zauber ihr ums Lager malte –
Vielleicht, vielleicht gewinnen eine Braut! –
Niemals. Verliebten solche Nacht erstrahlte,
Seit Merlin seinem Dämon höchste Schuld bezahlte.

»So sei es, wie du wünschst«, sprach Angela,
»Ich will dorthin die Festgeschenke bringen,
Wie's alter Brauch; das Lautenspiel lehnt nah
Bei ihrem Nähplatz. Soll der Plan gelingen,
So muss ich eilen – ach, die Zeit vergeht,
Mein alter Kopf ist schwach und angstbeklommen!
Nun warte, Sohn, und knie im Gebet –
Wohl, wohl – du sollst zur Ehe sie bekommen,
Ich helfe dir – und wär's auch nicht zu unserm Frommen.«

Und eilig, furchtsam humpelte sie fort.
Wie dehnten sich die sehnenden Minuten.
Sie kam zurück mit heisrem Flüsterwort:
»Komm mit!« Ihr Blick schien Späher zu vermuten,
So ängstlich irrte er von Stein zu Stein.
Manch dunklen Gang muss Porphyro durchschreiten,
Dann sah er sich in keuschem Raum allein
Und barg sich gut in Schattendunkelheiten
Und fühlte dieses Zimmers reine Seligkeiten.

Die Alte ging und griff mit schwacher Hand
Im Dunkel nach der Treppenbalustrade,
Als plötzlich wie ein Engel vor ihr stand 64
Jung Magdalen, die heut in Agnes' Gnade.
Mit hellem Kerzenlicht und Sorgsamkeit
Half sie dem Mütterchen zur Halle nieder.
Nun Porphyro, nun halte dich bereit,
Blick hin zum Bett, schon kehrt die Taube wieder:
Wie ist ihr Blick so mild, so strahlend ihr Gefieder!

Das Licht erlosch, als sie ins Zimmer lief,
Im Mondschein glitt sein kleiner Rauch von dannen.
Sie schloss die Tür, sie atmete so tief,

Nun waren Geister nah und nicht zu bannen.
Kein Laut jetzt – Wehe wär sein Widerhall!
Doch hob ihr Herz die Brust in schweren Wellen,
Als würde zungenlose Nachtigall
Vergeblich ihren Hals zum Singen schwellen
Und herzerstickt hinsterben bei des Tales Quellen.

Dreibogiges Fenster war in diesem Raum,
Üppig umkränzt von Eichenschnitzereien
Mit Blüte, Blatt und Frucht vom Rosenbaum,
Und Scheiben leuchteten in farbigen Reihen
Wie Diamant und bunter Schmetterling.
Und zwischen Heiligen in seligem Sinnen
Und Waffenzier und Kriegstrophäen hing
An Dämmerwand ein Wappenschild darinnen,
Mit Blut befleckt von Königen und Königinnen.

Hier sah der volle Wintermond herein,
Der Magdalen mit rotem Glühen schmückte,
Auf Brust und Hände fiel's wie Rosenschein,
Als sie nun kniend sich herniederbückte;
Ihr silbern Halskreuz war wie Amethyst,
Ihr Haar von mildem Heiligenschein umgeben:
Ein Engel, dem der Himmel offen ist!
So fühlte Porphyro in tiefem Beben.
Sie schien, in Unschuld betend, erdenfern zu schweben.

Wie tiefe Ohnmacht hielt es ihn in Bann,
Als sie vom Perlenkranz ihr Haar entblößte,
Den warmen Schmuck vom Halse nahm und dann
Des Kleides angeschmiegte Bänder löste.
Leis knisternd sinkt das Kleid. Ein wacher Traum
Lässt sie in ihrem Bett Sankt Agnes sehen,
Doch voll zurückzuschauen wagt sie kaum,
Sonst würde all das Zauberwerk vergehen
Und all ersehntes Träumen bliebe ungeschehen.

Bald bebte sie im weichen kühlen Nest
Und lag von wacher Ohnmacht ganz benommen,
Bis sie der mohnbekränzte Schlummer fest
– So Leib wie Seele – in den Arm genommen.
Weit floh die Seele nun ins Dunkel fort
Und ruhte fern von Schmerz und Lust, verschlossen,
So wie ein Messbuch an unheiligem Ort,
Wie Rosenkelch, wenn Regenfluten gossen,
Wie keusche Knospen oder erste Frühlingssprossen.

Und Porphyro sah hin aufs leere Kleid
Und fühlte seiner Pulse wildes Rennen
Und stand und harrte voller Bangigkeit,
Des Schlummers ruhiges Atmen zu erkennen.
Dann kam er zage aus dem Winkel vor,
Geräuschlos wie wohl eines Mädchens Bangen,
Wenn es in dunkler Wildnis sich verlor;
Zum Lager trat er hin mit heißen Wangen
Und hob den Vorhang – o wie lag sie schlafumfangen!

Als sich der Mond verbarg und silberbleich
Ein Zwielicht spann, schob er an Bettes Seite
Leis einen Tisch, warf halb in Angst ein reich
Gewand darauf, drin Rot, Gold, Schwarz sich reihte.
O jetzt ein schläfernd Morpheus-Amulett,
Da plötzlich schrill die Festtrompeten werben, 66
Die Kesselpauke und die Klarinett!
Die Saaltür fällt zurück – ein jäh Ersterben,
So wie Kristall, das schrill zersprang, verstummt in Scherben.

Doch hielt azurlidriger Schlaf sie fest
In bleichen, duftigen Lavendelkissen;
Indessen er aus wohlverstecktem Nest
Kandiertes Obst und andre Leckerbissen,
Gelees, die linder sind als süßer Rahm,
Und seltne Frucht aus südlichen Geländen,
Die fern von Fez mit Handelsschiffen kam,

Und Spezerein von Syriens Felsenwänden
Geschwind zum Tische trug mit fieberheißen Händen.

Dies alles häufte er in goldne Pracht
Getriebner Schalen und auf Silberplatten,
Und alles duftete in kühle Nacht
Und gleißte seltsam hell aus tiefem Schatten. –
»Und nun, mein Lieb, mein Engel du, wach auf!
Du bist wie über mir des Himmels Blauen,
Und ich, dein Beter, hoffe zu dir auf.
O lass mich deine blauen Augen schauen,
Sonst wird hier neben dir mein Schmerz in Tränen tauen.«

Und kraftlos sank ins Kissen auf ihr Haar
Sein warmer Arm. Umsonst sein leises Sprechen.
Des Traumes Bann, der Mittnachtzauber, war
Unmöglich wie vereister Strom zu brechen.
Der Teller Glanz erstrahlt im Mondenlicht,
Dem Schmuck und Fransen hundert Spiegel liehen,
Doch hinter dunklen Vorhang leuchtet's nicht,
Nichts kann die Herrin ihrem Traum entziehen,
Der Nacht so tief verstrickten Wunderfantasien.

Er griff zur Laute. Zarte Melodie
67 Entlockte er in schmeichelnden Akkorden:
Provencer Lied »La belle dame sans merci«,
Ein altes Lied, das längst schon stumm geworden.
Er schlug das Spiel in ihrer warmen Näh.
Sie stöhnte klagend, wie von Schmerz betroffen.
Er hörte auf – sie keuchte schnell – und jäh
Standen erschreckt die blauen Augen offen.
Er sank auf seine Knie, bleich in Angst und Hoffen.

Sie blickte offen, und trotzdem sie wach,
Hat ihren Traum sie immer fortgesponnen.
Der aber war verändert, scheuchte, ach,
Des Schlaftraums tiefe und so reine Wonnen,
Was ihr die Tränen aus den Augen trieb

Und banges Weh aus liebendem Gemüte;
Auf ihn jedoch ihr Blick geheftet blieb,
Auf Porphyro, der betend vor ihr kniete,
Reglos und stumm, als sei sie eines Traumes Blüte.

»Ach Porphyro«, sprach sie, »wie war doch nur
Süß zitternd eben noch in meinen Ohren
Dein lieber Klang, des Herzens süßer Schwur.
Und wie ist jetzt dein Blick so leidverloren,
Wie bist du anders: traurig, bleich und kalt!
Du sollst mir alle Wonnen wiedergeben,
Mit deiner Augen himmlischer Gewalt
Empor aus diesem Höllenweh mich heben.
Denn wenn du stirbst, mein Lieb, weiß ich nicht wo zu leben.«

In Liebe über Sterbliche erhöht
Durch solche Laute, hat er sich erhoben:
Ein herzbewegter Stern, der flimmernd steht
In lichter Ruh saphirner Himmel droben.
In ihren Traum schmolz er hinein, wie Duft
Der Rose sich mit Veilchenduft verbindet,
Süß aufgelöst. Es bläst die Winterluft 68
Der Liebe Ruf, die Fenster sind erblindet
Durch scharfen Hagelschlag; Sankt Agnes' Mond verschwindet.

's ist dunkel! Windgepeitschter Hagel schlägt.
»Dies ist kein Traum, o Magdalen, du Meine!«
's ist dunkel; Sturmwind stößt und Hagel schlägt.
»Kein Traum ach, ach! Und Weh ist all das Meine!
Porphyro lässt mich hier in Harm und Schmerz.
O welch ein Frevel, dich hierher zu bringen!
In deins verloren ist mein ganzes Herz.
Ich fluche nicht dem grausamen Gelingen:
Verlassne Taube ich mit kranken jungen Schwingen!«

»Mein Magdalen? O Traum, o Himmelsbild!
Darf dein Vasall ich ewig sein – gesegnet?
Ich deiner Schönheit herzgeformter Schild?

Vor dir, Altar, ruht aus, wer dir begegnet!
Dem müden Pilger soll ein Wunder licht
Die krankzerquälte Seele nun erneuen.
Ich fand dein Nest, berauben will ich's nicht –
Nur um dein süßes Selbst, wenn ohn Bereuen
Schön Magdalen vertraun will – keinem Ungetreuen.

Horch! 's ist ein Elfensturm aus Feenland,
Sehr teuflisch polternd, doch für uns voll Gnade:
Steh auf – steh auf! Schon glüht der Morgenbrand;
Die vollen Zecher sehn nicht unsre Pfade!
So lass uns eilig fliehn und froh, du Mein!
Denn keiner hört, kein Fuß vermag zu stehen, –
Betrunken sind sie all von Met und Wein:
Wach auf! Steh auf! Und lass uns furchtlos gehen,
Und hinterm Moor sollst du bei mir die Heimat sehen.«

Sie eilt bei seinen Worten – angstbedrückt,
Denn schlafend rings viel gierige Drachen liegen, –
69 Hellwach vielleicht, den Todesspeer gezückt.
Sie hasteten hinab die Dämmerstiegen.
Im ganzen Hause ist kein Menschenlaut,
Nur Fackeln flackern wild in Eisenringen;
Und über lose Stofftapeten haut
Der Sturm ein Wogenspiel von Geisterschwingen,
Die tobend durch die hohe zugige Halle dringen.

Die beiden gleiten wie Phantome fort,
Durch weiten Gang zum eisernen Portale,
Berauscht und schnarchend lag der Wächter dort,
In seinen Fingern noch die nasse Schale.
Der Bluthund hebt sich, schüttelt Fell und Strick,
Doch sieht und wittert er den Hausgenossen.
Und Bolz und Riegel gleiten leicht zurück,
Der Schlüssel dreht – das Tor ist aufgeschlossen
Und öffnet sich in ächzenden Scharnierkolossen.

Und sie sind fort. Vor langen Jahren flohn
Die Liebenden hinaus ins Ungewitter.
In jener Nachtzeit träumte der Baron
Von manchem Feind, auch waren seine Ritter
Schwer alpbedrückt von Hexe, Wurm und Wicht
Und Höllenspuk und eklen Grabgestalten.
Die Alte starb mit grässlichem Gesicht. –
Der Beter schlief nach langem Händefalten
In seiner kalten Asche, stets für fremd gehalten.

Calidor

(Ein Fragment)

Jung Calidor durchquert im Boot den See.
Sein Geist ist wach, ist voll vom schönen Weh,
In das der Abend sich so liebend kleidet,
Weil er nur ungern von der Erde scheidet.
Noch zögert rings ein letztes warmes Licht.
Zum blauen Himmel hebt er das Gesicht
Und lächelt lang hinauf in klare Runde,
Bis er im Herzen fühlt die Sehnsuchtswunde;
Da wendet er den Blick zum sanften Bogen
Der Uferböschung und ins Blätterwogen
Der Bäume, die sich schattend niederneigen
Und sich im See die zarten Blüten zeigen.
Sein froh begeistert Auge folgt dem Schwung
Der flinken Schwalbe durch die Dämmerung,
Wie sie so launisch auf und nieder schwebt,
Bald tief zum Wasser stößt, bald hoch sich hebt,
Jetzt mit der Brust die kühle Nässe streift,
Jetzt unsichtbar in blauen Höhen schweift.

Nun hebt sich seines Bootes scharfer Kiel
Und gleitet leicht durch krauses Wellenspiel
Hinein in breites Wasserlilienbeet:
Wie weiß ein jeder Blütenbecher steht

Und Tau erhoffend auf zum Himmel schaut.
Ganz nahe hier liegt voll von Busch und Kraut
Ein Inselchen: Von dort genießt man gut,
Wie schön der See in seinem Ufer ruht,
Das sich zum Fuß der blauen Berge dehnt;
Doch keiner, der mit warmem Herzen sehnt
Und klaren Auges sieht, was die Natur
An Schönheit zeigt auf beider Ufer Flur,
Geht leicht vorbei; sie grüßte Calidor
71 Heut sanfter noch als alle Zeit zuvor.
Seitwärts die Wipfel, reich in Gold gekleidet,
– Die frohe Sonne schenkt es, eh sie scheidet –
Draus ab und zu der Eichelhäher schießt
Und bunte Schönheit in die goldne gießt.

Ein alter Turm mit sturmzerstörten Mauern,
Zu stolz, um einstige Größe zu betrauern;
Schwarz wacht beim grauen Grab die starre Fichte
Und wirft zu Boden ihre harten Früchte.

Das Fischerkirchlein, dicht vom Efeulaube
Umkränzt bis hoch zum Kreuz; die weiße Taube,
Die auf dem Fenster glättet ihr Gefieder,
So licht, als käme sie vom Himmel nieder.

Grünbuschige Inseln legen linden Schatten
Quer übern See. Durchs Zwielicht lugen Matten
Mit breiten Ampferblättern und Ranunkeln,
Mit wilder Katzen glühem Augenfunkeln,
Mit zarten silberigen Birkenbäumen,
Mit hohen Gräsern, die all dies umsäumen.
Und Abendtau erquickte alles Schöne,
Als Calidor beglückt die Silbertöne
Einer Trompete hörte. Ach, es nahen
Viel Freuden ihm! Des Wächters Augen sahen
Durchs Tal herauf der Schimmel Mähnen wehen;
Bald wird er seine liebsten Freunde sehen!
Er stößt sein Boot voran mit heitrem Sinn,

Nun streicht er einsam übers Wasser hin,
Blind für den Schwan und taub für Philomele –
So sehr vorauseilt drängend seine Seele.

Nun wendet er mit kräftigem Ruderstoß
In letzte Bucht, und düster ist und groß
Das Schloss, noch fern, vor seinem Blick erschienen.
Fast schneller, als die eifrigste der Bienen 72
Zwei Pfirsiche umsummen kann, erreichten
Des leichten Bootes Rippen jene feuchten
Marmornen Stufen, die ins Wasser führen.
Und aufwärts eilt er, dann durch Flügeltüren,
Durch eichene Hallen und durch Korridore.
Köstliche Töne! Nie klang seinem Ohre
Und seinem Herz ein Vogellied so traut,
Als jetzt der Rossehufe Klapperlaut.
Zwei edle Hengste und ein Zelterpaar
Ward er beim Eintritt in den Hof gewahr:
In lockern Zügeln warfen sie die Nacken
Zurseite, während sie auf Prachtschabracken
Glückliche Bürden trugen durch das Tor.
Welch sanften Kuss und Druck gab Calidor
Den Händen jeder Dame! Wie entzückt
Umspannt er feine Knöchel! Süß entrückt
War seine Seele, während Flüstergrüße
Ihn zögern ließen, ihre zarten Füße
Herabzulassen auf die harte Erde.
Wie süß dies Schmiegen, als sie sich vom Pferde
Hin über seinen Nacken sinken ließen!
Und ob da leise Sehnsuchtstränen fließen,
Oder ob ihre Locken Tau gefangen:
Er fühlte eine Feuchte auf den Wangen –
Und segnete mit Lippen, die erbeben,
Mit Augen, die sich leuchtend aufwärts heben,
All diese Wonne, die so weich und warm
Und innig sich geschmiegt in seinen Arm.
Auf seiner Schulter hing die Grübchenhand
Schön wie ein Wunder aus dem Feenland,

Wie weiße Cassiablüte, die der Regen
Der Sommernacht erfrischt – o reicher Segen!
Er koste sie mit seiner frohen Wange,
73 Als ob er alle Seligkeit empfange,
Da schlug Sir Clerimonds freundliches Grüßen
Ans Ohr ihm. Sanft zog er aus ihrer süßen
Knechtschaft den Arm, den neuer Dienst begehrt,
Voll Dank, dass ihm so viele Lust beschert,
Indes er an die Stirne eine Hand
Herzinnig presste, die ein Gott gesandt,
Bedrängten gut zu helfen: eine Hand,
Die aus den kalten Klippen dieser Welt
Jung Calidor erheben wird zum Held.

Zwischen den Pagen und den Fackeln stand
Bei seinem Ross ein Ritter, elegant
Und stolz gewachsen; seine Federn wären
Im Wind so hoch wie wilde Eschenbeeren
Oder wie Hermes' Flügelkappe ragt.
Und sicher hätte nie ein Mensch gewagt
Den Panzer, den er trug und der so fein
Geflochten war, für Stahl zu halten, nein,
Man hielt ihn eher für ein Prunkgewand,
In dem wohl gar ein hoher Engel stand,
Der sich verkappt den Gästen zugesellt.
»Sir Gondibert, der weit berühmte Held«,
So stellte Clerimont ihn munter vor.
Der junge Krieger kam zu Calidor
Anmutigen Schritts voll Herzlichkeit heran
Und bot gepanzert eine Hand ihm an,
Bereit zu grüßen den erglühten Knaben;
Der schaut, als dürfe er die Augen laben
An hohem Wunder. Während er voll Glück
Die Damen führte, sah er oft zurück,
Im Licht der Lampen, die vom Dach der Halle
Herniederhingen und die Wehrmetalle
In überirdischem Glanz erstrahlen machten,
74 Die ritterlichen Brauen zu betrachten,

Die unter fein geschwungenem Visier
Sich wölbten über Augen von Saphir.

Bald sitzen sie in angenehmem Raum.
Die Damen mit den Lippen süß wie Traum
Begrüßten all die grünen Ranken schon,
Die rund um Fenster klimmen und Balkon,
Um ihre purpursternigen Blütenlocken
Zu zeigen und die zarten Bernsteinglocken.
Sir Gondibert tat ab sein stählern Kleid,
Und er genießt nun voll Behaglichkeit
Den leichten Mantel über Brust und Rücken.
Und während Clerimond mit milden Blicken
Sich umschaut, brennt jung Calidor danach,
Von Rittertat zu hören: wie man Schmach
Zurückwies, wie man stark mit tapfrer Hand
Von werter Fraue Schrecken abgewandt;
Und übervoll hiervon gab jeder Hand
Der Damen er so warmen Kuss und blickte
So feurig drein, dass es sie halb entzückte
Und halb erstaunte, bis sich herzbewegt
Ein Lächeln über ihre Mienen legt,
So süß wie sonnenselig Himmelsblauen
Hoch über zauberhafte Inselauen.

Sanft kamen Lüfte aus des Waldes Herzen,
Sanft bliesen seitwärts sie das Licht der Kerzen,
Klar war der Sang der Nachtigallenkehle,
Lieblich der Duft der Lindenblütenseele,
Verlockend wild der ferne Hörnerklang,
Reizend der Mond auf seinem stillen Gang.
Süß auch die Unterhaltung dieser Freunde
Wie guter Geister fröhliche Gemeinde,
Wie sanftes Summen, das wir rundum hören,
Wenn Hesperus erscheint mit Sternenchören.
Süß sei ihr Schlaf – – –

Dedikation an Leigh Hunt

Liebreiz und Glaube sind dahingeschwunden,
Denn ziehn wir jetzt aufs freie Feld hinaus,
Grüßt kein Altar, drauf Kranz und Blumenstrauß
Als frommes Opfer frohen Tod gefunden.

Und keine Mädchen ziehn in ersten Stunden
Des Tags auf Floras weites Land heraus,
Mit Rosen, Veilchen, Korn und Blattgekraus
Dem Mai den Dank der Jugend zu bekunden.

Doch andre Lust – und größre – bleibt zu pflücken
Und wird auf meinen Weg mir Blumen streuen:
Vermag auch heut kein Pan mehr zu entzücken,

So wird doch tiefre Freude mich erneuen,
Wüsst' ich mit dieser Gabe zu beglücken
76 Und einen Mann wie du bist zu erfreuen.

An meinen Bruder Georg

Wie viele Wunder hab ich heut gesehn!
Den heißen Kuss, mit dem das Sonnenlicht
Des Morgens Träne trank, – im Abendlicht
Lang tote Helden über Wolken gehn –

Des Ozeans urewiges Phänomen:
Das Meer, das Hoffnung trägt und Hoffnung bricht
Und wilde urweltliche Sprache spricht
Und grollt und seufzt von Werden und Vergehn.

Und jetzt, Georg, da ich dir dieses schreibe,
Lugt Cynthia bleich aus weißen Wolkenbänken,
Ein wenig nur, als sei heut Hochzeitsnacht.

Und lade sie zu bessrem Zeitvertreibe.
Doch hätt ich nicht dies treue Deingedenken,
Was wär des Meers und was des Himmels Pracht! 77

An –

Wär ich von ritterlichem Wuchs, vielleicht
Wär meinem Weh ein Widerhall erwacht
Und hätte wohl dein Herz in Glut entfacht,
Dass es mir selbst die Waffen überreicht.

Doch ach, ich bin kein Held, dem alles weicht,
Und meine Brust schirmt keine Panzerpracht;
Kein Schäfer bin ich, dem ein Mädchen lacht,
Und dessen Mund erzittert und erbleicht.

Und muss dich dennoch lieben – süß dich nennen,
Viel süßer noch als Hyblas Rosenbecher,
Wenn sie von Tau gefüllt fast überrinnen.

Ah, dieser Tau! Ich will, ich muss ihn kennen!
Erscheine Mond! Mach mich zum seligen Zecher!
Mit Spruch und Zauber *muss* ich ihn gewinnen! 78

[Wie viele Sänger schritten durch die Zeit]

Wie viele Sänger schritten durch die Zeit
Und gaben meiner Seele ein Entzücken,
Denn jede Schönheit suchte ich zu pflücken,
So Erdenklang wie Sang der Ewigkeit!

Und oft, wenn mich der Muse Kuss geweiht,
Schwillt dieses Tönemeer, mich zu beglücken.
Doch sucht kein Klang den andern zu erdrücken,
Da ist kein roher Lärm, kein wilder Streit.

Es ist wie Sang, den uns der Abend bringt:
Das Quellenrieseln und der Glockenklang,
Das Vogellied, der Blätter eiliges Sprechen –

Wie alles dies im Chor zusammenklingt
Und tönend formt des Tages Schlussgesang,
79 Und keins vermag die Einheit zu durchbrechen.

An G.A.W.

Nymphe des Lächelns mit gesenkten Blicken,
In welchen glanzverklärten Tagesstunden
Sei deiner Lieblichkeit der Kranz gewunden:
Wenn süße wirre Reden dich verstricken –

Wenn du in himmelheiterem Verzücken
Gedanken lebst – wenn du so ungebunden
Hintanzest durch des Gartens Sonnenstunden
Und hundert Blumen dir Willkommen nicken?

Oder wenn du gebannt in süßem Lauschen
Die Rosenlippen teilst? – Wie darf ich fragen!
Ein Schönstes gegen Schönstes umzutauschen,

War Torheit nur. Ich könnte dann auch sagen,
Welche der Grazien in Apolls Geleit
80 Die erste sei an holder Lieblichkeit.

[Einsamkeit! Wohl muss mit dir ich wohnen]

Einsamkeit! Wohl muss mit dir ich wohnen;
Doch sei es nicht in diesem finsterkalten
Gewirr von Häusern; hoch auf Felsgestalten –
Sternwarten der Natur – da lass uns thronen!

Wo tief das Tal mit Fluss und Wälderkronen
Nur fußlang scheint. Lass uns Vigilien halten,
Dort wo das Reh aus grünen Hinterhalten
Die Biene schreckt von Ginst und Anemonen.

Wohl möcht ich gern mit dir dies alles schauen!
Doch süßre Freude meine Seele kennt,
Und das ist Höchstes, was mir Sehnsucht nennt:

Mit Wahlverwandtem fliehn zu deinen Gauen,
Mit ihm, in dem die reine Flamme brennt
Und Worte weiß, ihr Wesen zu vertrauen. 81

[Die letzten Blätter, die an Büschen hängen]

Die letzten Blätter, die an Büschen hängen,
Zerrauft ein Wind mit monotonem Wort,
Die Sterne stehen kalt am Himmel dort,
Und vor mir liegt ein Weg von Meileslängen.

Doch kann mich Kampf und Kälte nicht bedrängen;
Auf toten Blättern schreit ich heiter fort,
Obschon sehr fern der heimatliche Ort
Und kalt herab die Silberlampen hängen.

Denn übervoll bin ich der Freundlichkeit,
Die heut in kleiner Hütte zu mir kam,
Von Miltons Klage, Lycidas geweiht,

Als Schicksalshärte diesen Freund ihm nahm;
Von Laura, die Petrarca so entzückte,
Dass ihn die Krone aller Kronen schmückte. 82

Grashüpfer und Heimchen

Niemals ist tot der Erde Poesie:
Wenn Vögel müde sind von heißen Sonnen,
Dann nimmt die Führung in den Sommerwonnen
Grashüpfers Stimme, und sie rastet nie.

Von Heck zu Hecke rennt die Melodie
Und hält die frisch gemähte Trift umsponnen;
Macht Lust ihn matt, so ruht er süß versonnen
Bei grünstem Halme, der für ihn gedieh.

Nie endet sie, die Poesie der Erde.
Am stillen Winterabend, wenn der grimme
Nachtfrost ein Schweigen breitet, schrillt vom Herde

Des Heimchens Sang dem Träumer in die Ohren,
Als habe sich Grashüpfers Sommerstimme
83 Aus grüner Trift in seinen Traum verloren.

[Glücklich ist England! Sollt' ich nicht zufrieden]

Glücklich ist England! Sollt' ich nicht zufrieden
Bei seiner Wiesen frischem Grün verweilen,
Mein Leid in seinen hohen Wäldern heilen,
Die grüne Panzer um die Seele schmieden?

Doch manchmal träumt mein Herz vom blauen Frieden
Italischer Himmel und verlangt bisweilen
Nach erdenfernen kahlen Felsensteilen,
Nach einem Thron auf Alpenpyramiden.

Glücklich ist England! Seine Töchter haben
Ein arglos Herz und schlichte Lieblichkeit.
Genügen sollten mir so schöne Gaben!

Doch oft erfasst mich tiefe Bangigkeit
Nach heißern Frauen, deren süße Stimmen
Hell neben mir auf Sommerwassern schwimmen. 84

[Wie lieb ich das: wenn still aus goldnen Krügen]

Wie lieb ich das: wenn still aus goldnen Krügen
Der Sommerabend fließt und die gelinden
Weißwölkchen ruhn auf duftgeschwellten Winden,
Von trübem Denken mich hinwegzulügen;

Befreit vom Kleinlichen, in vollen Zügen
Den Glanz zu trinken, ein Versteck zu finden,
Wo Schönheit und Natur sich Kränze winden,
Und dort mein Herz zur Freude zu betrügen;

Ans heimatlich Erhabne mich zu drängen,
Dem Schicksal Miltons, Sidneys nachzuhängen,
Bis beide ernst vor meiner Seele leuchten –

Vielleicht im Liede mich hinaufzuschwingen,
Bis Melodien mir die Augen feuchten
Und Lust und Leid in Tränen sanft verklingen. 85

[Die Glocken läuten Trübsinn in die Welt]

Die Glocken läuten Trübsinn in die Welt.
Laut mahnt ihr Ruf zu anderen Gebeten;
Mit wilden Zungen, fürchterlich beredten,
Von Grauen, Schmerz und Schreck ihr Toben gellt.

Und machtvoll ist ihr Ruf, der zürnend bellt,
Denn Menschen folgen ihm, fliehn angstbetreten
Vom stillen Herd, wo edelste Poeten
Mit Wort und Werken ihren Geist erhellt.

Noch – noch ihr Läuten! Und wie Grabesschauer
Würd' mich Verzweiflung fassen, wüsst' ich nicht,
Dass dieses Heulen nicht von langer Dauer.

Ich aber weiß, wie einer Lampe Licht
Einmal erlischt, so stirbt auch dieser Schrei, –
86 Und edle Freudigkeiten blühen neu.

[Nach langer Zeit, da dichte Nebeldecken]

Nach langer Zeit, da dichte Nebeldecken
Das Land bedrückten, wacht mit sanfter Schwüle
Ein Tag auf von des Südens sonnigem Pfühle
Und fegt vom kranken Himmel alle Flecken.

Fröhlich erlöst aus trübem Winterschrecken
Frohlockt die Zeit in mailichem Gefühle;
Die Lider spielen mit der sanften Kühle,
Wie Rosenblätter Sonnentropfen lecken;

Uns überkommen friedliche Gedanken:
Von Knospenkraft – Fruchtreife – Herbstessonnen,
Die still auf Halme lächeln und auf Ranken –

Von Sapphos Wange – Schlummerkindleins Rot –
Von Sand, der sanft durchs Stundenglas geronnen –
87 Vom Bach im Wald – von eines Dichters Tod.

Auf ein Bild des Leander

Ihr sittsam süßen Mädchen, kommt gegangen,
Senkt unter Wimpern blasser Augenlider
Demütig keuschen Blick zur Erde nieder
Und haltet milde Hand von Hand umfangen,

Als könntet ihr bestürzt nur und mit Bangen
Ein Opfer eurer Schönheit sehn, das nieder
In nasse Nacht sinkt: niemals löst ihn wieder
Die junge Liebe aus den Wogenschlangen.

Leander ist's, der sich zu Tode müht.
Ohnmächtig lächeln noch die matten Lippen
Den letzten Kuss, den Sturm zu Hero trug.

O schrecklich! Seht, wie seine Kraft versprüht.
Sein Leib löscht aus wie Leuchten zwischen Klippen,
Aufperlt der Liebe letzter Atemzug. 88

Auf das Meer

Es flüstert rings zum Strand in Ewigkeit,
Füllt flutend zwanzigtausend Grotten an,
Bis ihnen Hekate mit Zauberbann
Wieder den alten dunklen Klang verleiht.

Oft ist es von so sanfter Heiterkeit,
Dass allerkleinste Muschel ruhen kann,
Wo sie dem lauten Wogenbraus entrann
Nach letztem wildentbranntem Wetterstreit.

Ihr, deren Augen brennend oder matt,
Ergötzt sie wieder auf der weiten Flut!
Ihr, deren Ohren taub vom rohen Spotte

Oder von Melodien übersatt,
Sitzt nah dem Meer und hört in Traumesglut
Den Sang des Nymphenchors aus aller Grotte! 89

[Wenn Furcht mich fasst]

Wenn Furcht mich fasst, mein Dasein könne enden,
Noch eh' die Feder, was mein Hirn erdachte,
In Schrift, in Büchern wusste zu vollenden,
Das reife Korn in volle Speicher brachte –

Wenn wolkengleich tief seltsame Legenden
Der Nacht besterntes Antlitz überfließen,
Und ich es weiß, dass nie mit Zufallshänden
Das Glück mir hilft, ihr Bild in Form zu gießen –

Und wenn ich fühle, Schönste du von allen,
Dass nur die flüchtige Stunde uns umfängt,
Dass nie mein Herz in jenen Zauberfallen

Gedankenloser Liebe träumend hängt –
Dann steh ich einsam vor den Ewigkeiten,
Bis Ruhm und Liebe in ein Nichts entgleiten.

An eine Dame

(flüchtig gesehen in Vauxhall)

Fünf Jahre ebbt das träge Meer der Zeit,
Und langsam rann der feine Stundensand,
Seit du den Handschuh zogst von weißer Hand
Und ich mich fing in deiner Lieblichkeit.

Und dennoch: Schau ich auf zum Sternenlicht,
So zeigt Erinnrung deiner Augen Glanz,
Und seh ich rosiger Rosen zarten Kranz,
Denkt meine Seele nur an dein Gesicht.

Kein Knospenschwellen kann mein Auge sehen,
Ohn' dass mein töricht Ohr sich neigt und lauscht,
Um deines Mundes Worte zu verstehen.

So wird in jedes Glück dies Deingedenken
– Wie tiefre Lust; die inniger berauscht –
Den süßen Stachel seiner Schmerzen senken. 91

[Ich lachte heut – warum? Wer sagt es mir?]

Ich lachte heut – warum? Wer sagt es mir?
Kein Gott, kein Dämon ist, der Antwort sagt,
Der mir aus Himmel, Hölle Antwort wagt!
Nur Schweigen, – Herz, so wend ich mich zu dir:

Herz! Du und ich sind traurig und allein;
Ich frage: Weshalb lachte ich? – Nun? Nun? –
O Dunkel, Dunkel! Und ich kann nicht ruhn,
Und Himmel, Hölle, Herz höhnt meine Pein!

Ich lachte heut – warum? – Kurz ist das Leben,
Sein Seligstes genoss beschwingt mein Geist –
Doch würd ich heute gern dem Tod mich geben,

Der unsre bunten Fahnen schrill zerreißt:
Lied, Ruhm und Schönheit türmen nur den Thron
Für König Tod – des Lebens höchsten Lohn. 92

An den Schlaf

O sanfter Duft der stillen Mitternacht,
Der zart und sorgsam unsre Augen schließt
Und schattend vor dem Lichte sie bewacht,
In Seelen göttliches Vergessen gießt.

O sanfter Schlaf! Schließ mir die willigen Lider,
Eh dieses Hymnus' letztes Wort verklingt,
Nein, hör das Amen erst, eh schläfernd nieder
Dein Mohn die süßen Gnadengaben bringt.

Dann hüte mich, sonst gießt der Tag sein Licht,
Vielfachen Jammer brütend, auf mein Kissen,
Behüte mich, denn ach, es schlummert nicht

Das wie ein Maulwurf wühlende Gewissen;
Dreh flink den Schlüssel in geölten Riegeln,
93 Die meiner Seele Springbrunn sanft versiegeln.

An Fanny

Ich schreie: Hab Erbarmen! – Mitleid! – Liebe!
Liebe, die sich erbarmt und die nicht quält,
Beständige, arglose, offene Liebe,
Die, makellos, sich keine Maske wählt.

O gib dich ganz! Sei mein – sei meinem Flehen!
Gestalt und Antlitz – süßer kleiner Mund –
Himmlische Augen, Hände, die verstehen,
Der warmen Brüste freudevolles Rund, –

Gib deine Seele – gib dein ganzes All,
Halt nichts zurück, nichts – nichts! Ich würde sterben!
Und lebte ich, dein elender Vasall,

Ich würde doch an meinem Schmerz verderben!
Ich könnte meines Daseins Sinn nicht finden,
94 Mein Geist, mein Ehrgeiz würden stumpf erblinden!

Des Dichters letztes Sonett

Strahlstern! Könnt ich gleich dir *beständig* sein!
Nicht einsam prangend in der nächtigen Herde,
Nicht offnen Lides wandern im Verein
Mit dem geduldigen Eremit der Erde,

Dem Strom des Wassers, der mit Priesterhand
Der Menschen Lande wäscht in ewigem Wachen,
Nicht starrend auf der Berge Schneegewand
Und dunkler Moore grün verschlossne Rachen –

Nein – doch beständig: immerdar gebettet
Auf der Geliebten reifend wache Brust,
Wie Schwellen sich mit Sinken zart verkettet,

Sanft fühlend, süßer Unruh stets bewusst,
Noch hörend, noch, des Atems lindes Wehen –
So ewig leben – oder tot vergehen!

La belle dame sans merci

Was fehlt dir doch, du armer Wicht,
Was schweifst du einsam bleich umher?
Das Schilf ist längst schon welk, es singt
Kein Vöglein mehr.

Was fehlt dir doch, du armer Wicht;
Was bist du so verhärmt und krank?
Des Eichhorns Speicher ist gefüllt,
Die Ähre sank.

Eine Lilie blüht auf deiner Stirn,
Betaut von Fieber, Not und Qual,
Die Rosen deiner Wangen sind
Verwelkt und fahl.

»Ein Fräulein traf im Hag ich an,
War schön, wie nur ein Feenbild,
Ihr Haar war lang, ihr Schritt war leicht,
Ihr Blick war wild.

Ich hob sie auf mein schreitend Ross,
Und seitwärts lehnte sie und sang;
Nun sah ich nichts als sie im Tag –
Viel Stunden lang.

Ich flocht ihr einen Kranz aufs Haupt
Und duftigen Kranz um Brust und Arm,
Sie dankte mir mit Blick und Wort
So süß und warm.

Sie suchte saftiges Wurzelwerk,
Wildhonig, Manna-Tau für mich
Und sagte mir in fremdem Laut:
96 Ich liebe dich.

Sie nahm mich in ihr Grottenschloss
Und sah mich an und seufzte tief.
Ich küsste ihr die Augen zu,
Sie lag und schlief.

Dort schlief auch ich im Moose ein,
Da träumte mir ein Traum so bang,
Der letzte Traum, den ich geträumt
Am Hügelhang.

Sah Könige, Fürsten, Ritter stehn –
So bleich, wie Tod nur bleich sein kann –
Sie schrien: La belle dame sans merci
Hat dich im Bann!

Aus klaffend offnem Totenmund
Der schauerliche Warnruf drang.

Ich wachte auf und fand mich hier
Am Hügelhang.

Und darum irr ich einsam hier
Und bleich im welken Schilf umher,
Obgleich ich weiß, es singt schon längst
Kein Vöglein mehr.« 97

Zeilen an Fanny

Was kann ich tun, um meinen Augen
Erinnrung zu entziehn? Warst du doch nah;
Erst eine Stunde ging, seit ich dich sah,
Mit durstigem Blick dein Bildnis aufzusaugen.
Berührung hat Gedächtnis! Lieb, o sage,
Wie kann ich das ertöten?
Wie rett ich mich aus diesen tiefen Nöten,
Dass ich in aller Freiheit wieder rage?
Wenn jeder Schönen, die ich sah, mein Fang
Geschickt gelang,
So riss doch bald die schlecht gewebte Schlinge,
Und ich entsprang!
Ob dürftige, ob farbenbunte Dinge –
Ich fühlte meiner Muse Flügel,
Ich hielt die Zügel!
Und stets war ihre Kraft bereit
Sich meinem Wunsch zu schenken,
Der ohne nachzudenken
Doch thronte in erhabner Göttlichkeit.
In Göttlichkeit! – Der Vogel, den sein Flug
Hintanzend über Meeresrauschen trug,
Wird er im heitren Steigen, Neigen, Senken –
Ein Philosoph – an Ziel und Absicht denken?

Wie soll ich tun,
Von Neuem nun.
Verlorne Federn wiederzuempfangen,

Empor, empor,
Bis drunten Amors Flattern sich verlor,
In ewigreinen Äther zu gelangen? –
Berausche dich in Wein! –
Das ist gemein,
99 Ist Sünde, Ketzerei,
Die das Gesetz der Liebe schmählich schändet.
Nein, – nur den Frohen macht das Trinken frei,
Doch mir ist *Leid* gesendet! –
Wie soll ich wissen, wo mein Friede sei?
Und wie mich stählen, jenem grausigen Lande,
Dem Kerker meiner Freude, fern zu bleiben:
Dem eklen Strande,
An dem sie scheiterten und haltlos treiben;
Der fürchterlichen Welt, wo trübe Flüsse
Die schmutzigen Wellen an die Ufer spülen
Und nie die Nähe heitrer Götter fühlen –
Wo rauer Wind beeiste Ruten schwingt
Und Geißelhiebe bringt
Und wilden Schmerz als einzige Genüsse –
Wo blind und schwarz erfrorne Wälder ragen,
Dryaden schreckend –, wo verdorrtes Gras,
Des dürren Ochsen widerlicher Fraß,
Die Wiesen deckt, die keine Blumen tragen –
Wo niemals lockt ein lieber Vogelruf:
Dem Land, das die Natur im Zorn erschuf!

O dass ein Wunder käme!
Dass Sonne diese Höllenschatten nähme!
Sie müssen fort! – Bei Tages Dämmerschein
Ist meine Dame mein!
O meiner Seele Lust:
Noch einmal ruhn auf dieser süßen Brust!
Noch einmal meine Arme fühlen lassen,
Dass sie als Kerkermeister dich umfassen!
Noch einmal mich an deinen Atem drängen,
Dass seine Düfte in mein Haar sich hängen!
Du tiefe Süße solcher Qual –

O küss mich noch einmal!
Genug! Genug! Es ist genug für mich:
Find ich im Traume dich! 100

An –

Süßes, denk nicht dran, lass ruhn;
Weine nicht, sei still.
Seufze nur, doch lass es ruhn,
Lass es gehn wie's will.

Süßes Lieb, blick nicht so trüb,
Nicht so trüb und matt.
Einen Tropfen Träne gib,
Der den Tod schon hat.

Noch so bleich? So wein dich aus!
Und ich sammle dann
Alle Tränen, dass daraus
Segen perlen kann.

Klarer als ein Bächlein rinnt,
Dir's vom Auge goss,
Linder noch als Wellchen sind,
Dein Geflüster floss. –

Um ein Glück, das von ihm schied,
Klagt wohl jedermann –
Gut nur, dass solch Klagelied
Man auch küssen kann. 101

Das Milchmädchen

Wo gehst du nur hin, du Mädchen, sag?
Und was trägst du im Körbchen so sittig?
Du sauberes Kind, eil nicht so geschwind,
Reich mir einen Trunk, ich bitt dich!

Ich mag deinen Anger, ich mag deinen Klee,
Und Milch naschen mag ich unendlich;
Doch lieber mir's ist, wenn dein Mündchen mich küsst.
Das ist ja so selbstverständlich.

Ich mag deine Hügel, deine Täler so sehr,
Und ich mag deine blökenden Schafe –
Doch ach, mich ins Heu zur Seite dir treu
Zu betten zum Liebesschlafe!

Dein Körbchen, das stell ich recht sorgsam beiseit,
Deinen Schal häng ich auf an der Weide,
Und dann seufzen wir matt in Blumen und Blatt
102 Und küssen und küssen uns beide.

Stanzen an Miss Wylie

O komm, Georgiana! Die Rosen schau an,
Den blumigen Teppich, den Flora rings spann;
Die Luft ist voll Süße, das Wasser voll Glanz.
Der West schwebt mit funkelndster Sonne zum Tanz.

O komm! Lass uns ziehn ins erfrischende Grün,
Durch Schatten und Matten, die duften und sprühn,
Zur Waldlichtung hin, wo die Feen sich drehn
Und Sylphen wie lichtester Sonnenglanz gehn.

Und bist du dann müde, so bett ich dich sacht
Auf Moos und auf Blumen mit liebem Bedacht;

Dort lieg ich, Georgiana, zu Füßen dir nah,
Mein Märchen von Liebe erzähl ich dir da.

Und atme so zärtlich und seufze so lind,
Als seufze von Liebe der Frühsommerwind;
Dein schönes Knie press ich und atme so tief –
Da fühlst du, dass ich's war, der seufzend dich rief.

Warum, liebstes Mädchen, entbehren dies Glück?
Ein Narr nur weist so viel Beglückung zurück:
So lächle Gewährung und gib deine Hand
Und ein zärtliches Wort, das dein Herz für mich fand. 103

Lamia

Erster Teil

Vorzeiten, ehe noch die Feenbrut
Satyrn und Nymphen trieb aus Waldeshut,
Eh König Oberon mit Krongeschmeide
Und Zepter und betautem Blütenkleide
Die Faune und Dryaden ganz vertrieb,
Dass ihnen nicht ein Binsensaal mehr blieb,
Kein Dornendickicht und kein lichter Hain,
Kein Wiesengrund mit gelben Blümelein,
Floh Hermes, neu entbrannt, den goldnen Thron
Und stahl sich fort um süßer Liebe Lohn.
Den Wolken Jupiters nahm er das Licht
Zur Erdenseite fort, damit ihn nicht
Sein hoher Mahner auf der Flucht entdecke,
Und flog dann hin zu dunkler Waldesstrecke
Auf Kretas Inselufer, denn hier war
Ein Nymphlein, dem die ganze Satyrschar
Ergeben kniete; sehnende Tritonen
Versuchten ihre Schönheit zu belohnen
Mit Perlen, die sie ihr zu Füßen legten.
Ganz nah den Quellenbächen, grün umhegten,

Die Bad ihr gaben, und auf jenen Matten,
Die oft schon ihren Schritt getragen hatten,
War manche reiche Gabe ausgestreut,
Den Musen fremd – doch Fantasie gebeut,
Aus ihrem reichen Born nur auszuwählen.
Ach, so viel Liebe lässt sich gar nicht zählen!
So dachte Hermes, und ein himmlisch Glühn
Durchflog von den beschwingten Sohlen ihn
Bis aufwärts zu den Ohren – sonst so weiß
Wie klare Lilien, jetzt wie Rosen heiß,
Um die sich dicht die goldnen Locken ballten,
104 Und ringelnd tief auf nackte Schultern wallten.
Er flog von Tal zu Tal, von Wald zu Wald
Und gönnte keinen Atemzug sich Halt,
Kaum dass die Blumen sein Erglühen fühlten.
An Flüssen hin, die ihre Ufer kühlten,
Flog er, der Nymphe Lager zu erspähn:
Doch nirgends konnte er die Süße sehn.
So hielt er an verlassner Stelle Rast,
Gedankenvoll, von Eifersucht erfasst
Auf jeden Waldgott, ja auf jeden Baum.
Da hört er eine Stimme wie aus Traum;
So sanfte Stimme, die wohl mildem Herzen
All Leiden fortnimmt, bis auf Mitleidschmerzen.
»Wann werd ich diesem Ringelgrab entsteigen,
Wann mich in süßem Leib dem Leben zeigen,
Der Liebe und der Lust und rotem Streit
Von Herz und Mund? O Arme ich in Leid!«
Der taubenfüßige Gott glitt schweigend fort
Um Busch und Baum, sacht streifte hier und dort
Sein Fuß das Gras und voll erblühte Kraut,
Bis er im Dickicht eine Schlange schaut,
Die, kreisgerollt, wie Glanz im Düster bebt,
Gordischer Knoten, blendend und belebt.

Zinnober, golden, grün und blau gefleckt,
Mit Kreisen wie ein Leopard bedeckt,
Mit Zebrastreifen und mit Pfauenaugen

Und Silbermonden, die beim Atemsaugen
Zerflossen oder strahlender erglänzten,
Mit sanftem Schein den buntern Schmuck umkränzten.
So regenbogenstrahlend lag sie dort,
Wie schmachverflucht durch Zorn und Zauberwort,
Nein, selber schien ein Dämon sie zu sein.
Ihr Haupt umgab ein bleicher Feuerschein,
Von Sternglanz hell, Ariadnes Tiara gleich,
Ihr Haupt war Schlange, doch – wie wunderreich
Und bitter süß! – sie hatte Weibesmund
Mit schimmerschönem vollem Perlenrund.
Und ihre Augen! Konnten solche Augen
Zu andrem als zu heißem Weinen taugen,
Weil sie, so schön, für solchen Leib bestimmt?
Klagt doch Proserpina noch heut ergrimmt
Um ihr Sizilien und um seine Pracht.
Ihr Hals war Schlangenhals, doch lind und sacht
Wie Honig flossen ihre Worte hin,
Und Liebessehnen schenkte ihnen Sinn.
Und Hermes lag, die Schwingen vorgeneigt,
Dem Falken gleich, wenn sich die Beute zeigt.

»O schöner Hermes, holder Himmelsglanz,
Umragt, bekrönt von lichtem Schwingenkranz,
Ich träumte diese letzte Nacht von dir:
Auf goldnem Throne sah ich dich vor mir,
Hoch im Olymp, im frohen Götterkreise.
Nur du warst traurig, taub der sanften Weise
Des Lautenspiels der Musen, taub sogar
Apollos Sang, so süß und weh er war.
Mir träumt', ich sah dich funkenübersprüht
Durch Wolken brechen, hell wie Morgen glüht,
Und dann verliebt wie Phöbus' Pfeil so schnell
Nach Kreta eilen – und du bist zur Stell!
Zu sanfter Hermes, fandest du die Maid?«
Da gab der Stern der Lethe so Bescheid:
»Du Schlange mit dem süßen Frauenmund,
Himmlischer Weisheit bist du sicher kund!

Du prächtiger Kranz mit schwermutvollem Blick,
Dein sei das allerseligste Geschick,
Nur sage mir, wo meine Nymphe ruht,
106 Wohin sie floh?« »O Gott, du redest gut«,
Die Schlange sprach, »doch gib des Schwures Siegel!«
»Ich schwöre«, sagte Hermes, »bei dem Spiegel,
Der deine Augen sind, bei deinem Glanz,
Bei meinem Stab und seinem Schlangenkranz!«
Die ernsten Worte flohn ihm leicht vom Munde
Und glitten sanft in blütenbunte Runde.
Und wieder drauf das schöne Weib und Tier:
»Zu schwach dein Herz! Denn höre nun von mir:
Die Nymphe gleitet unsichtbar wie Luft
Hier durch die Wildnis, frei wie zarter Duft
Genießt sie ungesehen ihre Tage,
Kaum dass ihr flüchtiger Fuß das Gras im Hage
Und zarte Blumen streift. Von schweren Zweigen,
Gebognen Ranken, die sich lastvoll neigen,
Pflückt sie ganz ungesehn die süße Frucht,
Sie badet ungesehn in Bach und Bucht,
Und meine Macht ist's, die die Schöne hütet,
Dass dreiste Gier umsonst in Blicken wütet,
Und Faune und triefäugiger Silen
Umsonst zu ihr in tiefen Seufzern flehn.
Bleich wurde die Unsterbliche vor Leid,
Um aller dieser Wilden Dreistigkeit;
Da gab ich ihr aus Mitgefühl den Rat,
Ihr Haar zu tauchen in ein Zauberbad,
Dann könne sie in Freiheit ungesehn
Und unbehelligt rings durchs Grüne gehn.
Du sollst sie schauen, Hermes, du allein,
Willst du, dem Schwur getreu, mir dankbar sein.«
Da schwur der Gott, verzückt, noch einen Eid.
Die Schlange fühlte tiefe Seligkeit,
Als warm und bebend seine Worte klangen,
So voll von Glut und Liebe und Verlangen.
Sie hob ihr Kirkehaupt beglückt empor
107 Und hauchte selig nah dem Gott ins Ohr:

»Ich war ein Weib, – lass mich noch einmal haben
Die Weibgestalt und Weibes Reiz und Gaben.
Ich liebe einen Jüngling aus Korinth,
Mach mich zum Weib und führ mich schnell wie Wind
Hin wo er weilt – nun, Hermes, beug dich nieder,
Ich hauche – und du siehst die Nymphe wieder.«
Er schloss die Schwingen halb und neigte sich,
Und über seiner Brauen Bogenstrich
Ging leis ihr Atem, und sogleich erschien
Die Nymphe beiden sichtbar nah im Grün.
Es war kein Traum – doch sagt so, wenn ihr wollt;
Der Götter Traum ist Wirklichkeit, und hold
Entrollt wie ewiger Traum ihr ewiges Leben.
Ein Augenblick gab Glühen und Erbeben:
Der Nymphe Schönheit warf den Gott fast nieder;
Nun trat er hin ins Grün und blickte wieder
Zur bleichen Schlange her und regte sacht
Den Arm und übte seines Zaubers Macht.
Dann schickte er den Blick zur Nymphe hin,
Verehrung stand in Tränenschrift darin,
Und schritt zu ihr. Wie Mond erbleicht und sinkt,
Wenn hell im Ost der neue Morgen blinkt,
Verging sie vor dem Gott, versteckte sich
Und schluchzte auf und seufzte bitterlich.
Wie Blume war sie, die sich fest verschließt,
Wenn Abend seine kühlen Schatten gießt.
Doch sanft nahm er die kalt erschreckte Hand,
Bis still an seiner Glut ihr Zagen schwand;
Da hob sie ihrer Augenlider Flor,
Und wie die Blüte in den Tag hervor,
Wenn Morgen seinen Bienenschwarm ergießt,
Den süßen honigvollen Kelch erschließt,
So bot sie selig ihren Honig dar.
In grünste Waldestiefen floh das Paar 108
Und schien nicht irdisch Liebenden zu gleichen,
Die, krank in Sehnsucht, welken und erbleichen.

Allein gelassen fing die Schlange an
Sich zu verwandeln; durch den Körper rann
Ihr Blut wie toll, und Schaum troff ihr vom Mund
Und machte Gras und Kräuter welk und wund;
Die Augen starrten schwer in Angst und Qual
Und glänzten auf wie überhitzter Stahl
Und gluteten in grellem Phosphorschein,
Und keine Träne kühlte ihre Pein.
Die Farben ihres Leibes schossen Flammen
Und krampften sich in Purpurschmerz zusammen;
Und tiefes sattes Gelb verwischte ganz
Der anmutvollen Silbermonde Glanz;
Wie Lava eine bunte Wiese leckt,
So war ihr Kleid von Düster überdeckt,
Die Streifen, Flecke, Monde, Sterne blichen.
Und schon nach wenig Augenblicken wichen
Die blauen, grünen, amethystnen Ringe;
Und all die silber-roten Schmetterlinge,
Die sie geziert, verblichen Stück für Stück,
Nichts blieb als Schmerz und Hässlichkeit zurück.
Noch glomm die Krone, doch auch sie entglitt,
Und da verschwand sie selber plötzlich mit.
Und durch die Lüfte läutete ihr Wort:
»O Lycius, lieber Lycius!« Schwebte fort
Mit hellen Nebeln, die um Höhen flogen –
Sie war aus Kretas Wäldern fortgezogen.

Wohin floh Lamia, eine Schönheit nun,
Wo wird ihr lichter Weibesteib jetzt ruhn?
Sie floh in jenes Tal, das der betritt,
Der von Kenchreas' Ufern lenkt den Schritt
109 Hin nach Korinth, und hielt erst rastend an,
Als sie das wilde Hügelland gewann,
Wo Bäche sich durch raue Schluchten drücken,
Und jenen andern Grat mit zackigem Rücken,
Den Nebeldunst und Wolkenwulst bedeckt
Und der südwest sich bis Kleone streckt.
Sie stand, wie junges Vöglein flattert, schön,

Auf grünem Hang der moosbewachsnen Höhn
Vor eines klaren Bächleins Spiegel da,
Entzückt, dass sie ihr Bildnis also sah,
Entronnen jener schreckensvollen Zeit.
Narzissen küssten sanft ihr Mädchenkleid.

Glück, Lycius, dir! Denn schöner war wohl nie
Ein Zöpfe flechtend Mädchen, ach, als sie,
Ein schämig Mädchen, das mit Seufzern bang
Durch blumige Wiesen schritt beim Vogelsang.
O Jungfrau, der, so schuldlos auch ihr Mund,
Doch alle tiefste Liebesweisheit kund,
Nicht eine Stunde alt, doch voll Verstehen,
Dass Lust und Leiden nah zusammengehen,
Und klug, die zarten Grenzen zu erkennen
Und eins vom andern immer wohl zu trennen,
Als habe dich Kupido selbst belehrt,
Wie man mit List und Schlichen sich bewehrt –
Und du, die lieblich lässige Schülerin,
Du hieltst voll Sehnsucht alles wohl im Sinn!

Weshalb das schöne Wesen es erwählt
Am Weg zu warten, sei euch bald erzählt;
Erst aber sei gesagt, wie sie versonnen
So manchen wundersamen Traum gesponnen,
Als sie in Schlangenleib gefangen war.
Ihr Geist war frei und sah und hörte klar,
Was sie nur hören oder sehen wollte:
Wie dort, wo grüne Wogenlocke rollte,
Die Nereide über Perlenstiegen
Hinglitt, in Thetis' Schattensaal zu liegen,
Wie Bacchus, seligen Becher in der Hand,
Traumfreudig unter harziger Pinie stand,
Und wie die Gärten Plutos Schönheit tragen,
Wo Mulcibers metallne Säulen ragen.
Und in die Städte glitt ihr Träumen auch,
Um mitzutun bei frohem Festesbrauch.
Und so, als einst ihr Traum bei Menschen weilte,

Da sah sie Lycius, der vorübereilte
Auf schwankem Wagen und zum Ziele jagte.
Wie junger Jupiter, so blühend ragte
Der Jüngling mit geruhigem Angesicht –
Da traf die Liebe sie mit Erzgewicht.
Nun wusste sie, dass heut, wenn Dämmrung kam,
Er diesen Weg vom Strande heimwärts nahm,
Hin nach Korinth, denn Ostwind blies daher.
Und eben jetzt schob sich sein Schifflein schwer
Mit erznem Schnabel an der Mauer fort,
Um in Kenchreas wohlgeschütztem Port
Zu ankern; von Äginas Inselland,
Wo hoch für Jupiter ein Tempel stand,
Kam Lycius nun zurück, vom Gott erhört,
Der, was er wünschte, gnädig ihm gewährt.
Denn irgendeine Laune fügt' es so,
Dass er die Nähe der Gefährten floh,
Ermüdet wohl von zu geschwätzigem Wort,
Und einsam ging er gen Korinth hin fort.
Gedankenlos zunächst, doch als zur Nacht
Am Himmelsdom der Abendstern erwacht,
Verstieg sein Träumen sich zu fernen Matten
Im sanften Dämmerlicht platonischer Schatten.
Ihn konnte Lamia näher, näher sehen,
111 In trübem Gleichmut dicht vorübergehen –
Sein sanfter Schritt durchfegte Moos und Grün –
Er sah sie nicht, sah nicht ihr Auge sprühn;
Er ging vorbei, geheimnisvolles Bild,
Sein Geist gleich ihm in Mantel eingehüllt.
Sie wandte fürstlich weiß den Hals ihm nach,
Bis sie »O hehrer Lycius!« bittend sprach,
»Du lässt mich auf dem Hügel hier allein?
O blicke Mitleid mir ins Herz hinein!«
Er tat's, verwundert nicht und nicht voll Weh,
Er sah wie Orpheus auf Eurydice;
So süß die Worte, die sie liebend sang,
Ihm war, er liebte sie schon sommerlang.
Sein Auge trank die Schönheit auf voll Glück,

Ließ keinen Tropfen in dem Kelch zurück,
Doch blieb verwirrend voll der Kelch – indessen
Er bang, die schuldige Ehrung zu vergessen,
Bevor sie schwände, Anbetung begann.
Scheu sah ihr Blick ihn ganz in ihrem Bann.
»Allein dich lassen! Göttin, sieh mich hier,
Wie könnt' mein Aug sich wenden je von dir!
Aus Mitleid trüge nicht dies trübe Herz –
O bleib! Entschwebst du, brichts in Todesschmerz.
Ob du Najade auch aus fernen Flüssen,
Dir werden sie auch fern gehorchen müssen!
O bleib! Und wären grünste Wälder dein,
Den Regen trinken können sie allein!
Und wenn Plejaden deine Schwestern wären,
Wird ihrer keine leiten deine Sphären?
An deinerstatt harmonisch silbern scheinen?
Dein süßer Gruß, er kam so süß zu meinen
Entzückten Ohren, – schwändest du mir nun,
Das Deingedenken ließe nie mich ruhn,
Zu einem Schatten bliche ich dahin –
Aus Mitleid, steh!« – »Und hätte ich im Sinn«, 112
Sprach Lamia, »länger hier im Lehm zu stehn,
Mit wundem Schritt durch Stachelkraut zu gehn,
Was tätest du, das so viel Reize hätte,
Dass ich darum vergäß die Heimatstätte?
Soll ich mit dir durch Tal und Höhen streifen,
Wo Tod und Trauer ist, vorüberschweifen?
Lycius, du bist gelehrt, und weißt du nicht,
Dass eure Erdenluft zu schwer und dicht
Für zartre Seelen ist? – Ach, armer Knabe,
Welch reinere Luft bringst du als Schmeichelgabe
Verführend dar? Welch lichtere Paläste,
Für alle meine Sinne Freudenfeste,
Da hundert Wünsche dann erfüllt sich sehen?
Es kann nicht sein – lebwohl!« – Und hoch auf Zehen
Reckt sie sich auf, die Arme weit gebreitet;
Er, krank vor Ängsten, dass sie ihm entgleitet,
Sank hin in Ohnmacht, bleich in Liebesschmerz.

Sie zeigte für sein Weh kein liebend Herz,
Doch ihre Augen, die so strahlen konnten,
Noch strahlender an seinem Bild sich sonnten,
Ihr neuer Mund an seinen Lippen hing,
Das Leben, das in ihrem Netz sich fing,
Ihm neu zurückzugeben; doch erwacht,
Umfing ihn wiederum nur Angst und Nacht.
Da hub sie, die in Glück und Liebe so
Und Glanz und Schönheit überirdisch froh,
Ein Liebeslied zu singen an, so süß,
Dass jeder Stern sein flimmernd Atmen ließ
Und selig lauschte ihrem Himmelssang.
Dann wieder sprach sie Flüsterwort so bang
Und innig, wie nur die einander sagen,
Die sich allein nach vielen Trennungstagen
Beisammensehn und mehr denn Blicke geben;
113 Sie bat ihn sacht, das liebe Haupt zu heben,
Den Zweifel abzutun: sie sei ein Weib,
Und Blut durchpulse ihren Menschenleib,
Ihr schwaches Herz sei ganz dem seinen gleich,
An Liebesseligkeit und -schmerzen reich.
Dann sprach sie ihr Verwundern aus, dass er
Sie nie gesehen in Korinth bisher,
Wo, sagte sie, ihr Leben heiter fließe,
So schön, als es mit Gold sich leben ließe;
Zwar ohne Liebe, doch in stillem Frieden,
Bis ihn zu sehn ihr eines Tags beschieden,
Beim Venustempel im Vorübergehn;
Da sah sie ihn an einer Säule stehn,
Tief in Gedanken; rings im Kreise standen
Viel Körbe voll von Blumen und Girlanden,
War's doch der Abend vor Adonis' Fest.
O wie sie da die Augen zugepresst,
Sein Bild zu halten, und wie Tränen kamen
Und ihres Herzens süßen Frieden nahmen.
Und Lycius wachte auf, und staunend sah
Die Wundersame er noch immer nah
Und hörte ihren herzlich lieben Sang.

Da wich Bestürzung, und Entzücken rang
Sich ihm durchs Herz, als er ihr Wort vernahm,
Das so aus tiefster Weibesliebe kam.
Und jedes ihrer Worte lockte sacht,
Bis er zu vollstem Glücksgefühl erwacht.
Ja, mögen Dichter noch so gerne singen,
Dass Feen nur und Peris Freude bringen, –
Sie alle, die in Grotte, See und Fluss
Sich bergen, schenken niemals den Genuss,
Wie echtes Weib, dem alle Ahnen kamen
Aus Pyrrhas Kieseln oder Adams Samen.
Auch Lamia hatte listig jetzt erkannt,
Dass Lycius ihr, in Ehrfurcht festgebannt, 114
Nicht Liebe schenken könne; also ließ
Die Göttin sie beiseite und verhieß
Ihm größre Lust, indem sie Mensch sich nannte
Und ihn allein durch Mädchenschönheit bannte,
Die, wo sie niederwirft, auch Hoffnung spendet,
Dass alle Sehnsucht in Erfüllung endet.
Beredte Antwort gab ihr Lycius dann,
Der jedes Wort mit Seufzern heiß umspann;
Und nach Korinth hinzeigend fragte er,
Ob ihrem zarten Fuß der Weg zu schwer.
Wie kurz war der, da Lamias Zauber wachte,
Der Schritte nur aus langen Meilen machte.
Doch Lycius merkte dieses Wunder nicht:
Blind machte ihn ihr strahlend Angesicht.
Durchs Stadttor schritten sie so sacht und leis –
Er ging wie einer, der von Traum nur weiß.

Und wie des Träumers wirres Wortetasten,
So murmelte Korinth mit all dem Hasten
Belebter Straßen, rühriger Paläste,
Durchwogter Tempel und verruchter Feste:
Wie Sturmwind nähersummt aus weiten Fernen,
So sprach Korinth hinauf zu Nacht und Sternen.
Denn Mann und Weib und Arm und Reich belebte,
Sobald der kühle Abend niederschwebte,

Die weißen Straßen, und erst jetzt erwachte
Die Plauderlust; und aus dem Dunkel sachte
Glomm Licht um Licht und warf bewegte Schatten,
Die seltsam tanzten über Marmorplatten,
In Tempelwinkel sich zusammenduckten
Und geisterhaft um Säulenschäfte zuckten.

Er barg das Antlitz tief in Mantelfalten,
Um ungesehn zu sein; und doch, wie krallten
Sich seine Finger fest um ihre Hand,
Als unerwartet Einer nahe stand
Und näher schlürfte über den Granit,
Den seine Tracht als Philosoph verriet:
Mit scharfen Augen, grauem Lockenbart,
Das mächtige Greisenhaupt fast unbehaart.
Lycius verbarg sich tiefer, als er kam;
Es war, als ob ihm Angst den Atem nahm;
Und Lamia bebte; flüsternd fragte er:
»Geliebte, sag, was schauderst du so sehr?
Weshalb schmilzt deine Hand in Furcht dahin?«
Und Lamia sagte: »Weil ich müde bin.
Doch sage mir, wer ist der alte Mann,
Auf den ich mich nicht recht besinnen kann?
Weshalb verbargst du dich, als er uns sah?«
»'s ist Apolonius«, sagte Lycius da,
»Mein weiser Lehrer; heute Nacht doch scheint
Er wie ein Geist, der reines Glück verneint.«

Noch sprach er so, da kamen beide vor
Gedeckter Säulenhalle hohes Tor,
Wo einer Silberampel Phosphorschein
Auf Stufen schwamm von reinstem Marmorstein
Wie mild ein Stern im Wasser; denn die Farbe
Des Steines war so ohne Fleck und Narbe,
Und wie durch Wasser rannen dunkle Adern
Durch den kristallnen Schliff der Marmorquadern:
Für Götterfuß gefügt! Aus Angeln klangen
Äolische Töne, als die Flügel sprangen

Und Raum enthüllten, den noch keiner fand –
Auf Zeit lang diesen beiden nur bekannt
Und einer fremden persischen Dienerschar:
Man sah sie auf den Märkten jenes Jahr;
Wo wohnten sie? Die Neugier ward betrogen, 116
Die ihren Spuren heimlich nachgezogen.
Der fledermausbeschwingte Vers allein
Muss – selbst im spätern Leid – wahrhaftig sein,
Wenngleich es manchem Herz wohl mehr gefiel,
Man ließ die rohe Welt hier aus dem Spiel.

Zweiter Teil

Asche und Staub ist – Liebe, o vergib –
In karger Siedlerhütte alle Lieb',
Im Schlosse mag sie wohl noch schwerer lasten –
Qualvoller noch als Eremitenfasten.
Dies ist ein Stückchen aus dem Märchenland,
Unfassbar für gewöhnlichen Verstand.
Hätt' Lycius selbst erzählt, was er erlebt,
Stirnrunzelnd hätte die Moral gebebt;
Zu kurz doch war ihr Glück, um Niedertracht
Zu brüten, die die Stimme zischen macht;
Auch rauschte schreckhaft nachts mit Feuerflügel
Die Liebe wachend um der Türe Riegel,
Voll Eifersucht auf so vollkommnes Paar,
Das mehr als alle ihrer würdig war.

Dies alles musste enden. Seit' an Seit'
Auf liebem Lager um die Abendzeit,
Dem Vorhang nah, der luftig leicht gewebt
Von goldner Schnur herab ins Zimmer schwebt
Und halb geöffnet Sommerhimmelpracht
Zwischen zwei Säulen leuchtend sichtbar macht –
So ruhten sie, wie oft, in Glück und Hoffen,
Die Lider zu – doch schmalen Spalt noch offen,
Durch den die Liebe, immerwährend nah,
Bis in den Traum hinein den andern sah:

117 Da tönt vom Wall der Vorstadt plötzlich schrill
Trompetenschall – die Schwalben schweigen still –
Lycius fährt auf – die Klänge sind verrauscht.
Doch tönt es in ihm fort – er sinnt und lauscht:
Zum ersten Mal, seit er im Schlosse thront,
Wo süße Sünde Tag und Nacht ihn lohnt,
Entfloh sein Geist, den keine Grenze hält,
Hinweg in fast vergessne laute Welt.
Doch sie, die immer sorgend wachsam war,
Sah dies mit Schmerz; sie ahnte die Gefahr,
Dass eine Macht, der ihren überlegen,
Ihn rufe – fort aus ihren Lustgehegen.
Und sie begann zu seufzen und zu klagen.
Sie wusste, leicht ist Liebe zu verjagen,
Ist oft so kurz wie einer Glocke Schlag.
»Was seufzest du?«, sprach er, der bei ihr lag.
»Was grübelst du?«, gab zärtlich sie zurück;
»Du nahmst mich fort aus meinem stillen Glück –
Wo bin ich nun? In deinem Herzen nicht,
Da Trauer deine Braue düster flicht.
Nein, nein! Du bist mir fern, und ich entgleite
Von deiner Brust in heimatlose Weite.«
Er beugte sich zu ihren Augen nieder,
Sie spiegelten sein Bild getreulich wider:
»Mein Silberstern von Abend und von Morgen,
Was brütest du so kummervolle Sorgen,
Da ich um dich versuche, meinem Herzen
Aus tiefrer Glut zu wecken tiefre Schmerzen,
Um deine Seele enger noch zu binden,
Mit innigerer Fessel zu umwinden
Und sie in Labyrinthe einzuspinnen
Wie Duft in Rosenknospe – ohn' Entrinnen!
Ah, küsse mich! – Du siehst, dein Leid hat Macht.
Doch du willst wissen, was ich jetzt gedacht?
118 So höre! Welcher Mann tat solchen Fang,
Der andre neidisch machte, wirr und bang,
Und führte nicht mit Stolz die edle Beute
Zuweilen triumphierend vor die Leute?

Wie würde der Triumph mich doch beglücken,
Mit deiner jungen Schönheit mich zu schmücken
Und Freunde jubeln, Feinde fluchen lassen,
Wenn durch Korinths durchlärmte heisere Gassen
Dein Brautgefährt die blinken Speichen dreht.« –
Wie wird ihr Antlitz bleich, als sie versteht!
Sie bebt, erhebt sich, wankt und sinkt ins Knie
Und sagt kein Wort – doch ach, wie weinte sie!
Bis ihre Angst dann endlich Sprache fand
Und sie beschwörend presste seine Hand,
Ihn umzustimmen; doch nur mehr und mehr
Verstärkt ihr scheues Bangen sein Begehr.
Und überdies – trotz Liebe – fand sein Herz
Ein seltsam Wohlgefühl an ihrem Schmerz,
An dieses Weibes demutvollem Bild;
Und seine Leidenschaft ward heiß und wild,
Blutdürstig fast – soweit dies ihm gegeben,
Dem Wut und Raserei noch fern im Leben.
Wie schön war sein verhaltnes Zürnen, gleich
Apollos Glut, bevor sein nerviger Streich
Die Schlange schlug. – Die Schlange! Ah, sie war
Nicht Schlange mehr – nein, aller Listen bar
Gab sie in Demut nach, den Tag zu wählen,
Sich dem Geliebten bräutlich zu vermählen.
In Mittnachtstille flüstert er ihr zu:
»Welch süßen Namen, sage, führest du?
Ich frug noch nie, denn meinem Herzen ist,
Als ob du nicht von irdischen Eltern bist,
Nein, Himmelstochter! Sag, wie nennt man dich?
Hast du auf Erden Eltern, Freunde – sprich,
Zu teilen unser hochzeitliches Fest?« – 119
»Nicht einen Freund«, sagt Lamia da gepresst;
»Korinth, das große, weiß von mir wohl kaum.
Der Eltern Staub füllt nur noch kleinsten Raum
In dunkler Urne, und kein Opferrauch
Verehrt den Ort nach liebevollem Brauch,
Da ihr Geschlecht verstorben bis auf mich,
Und ich vergaß die heilige Pflicht – um dich.

So bitte *deine* Freunde denn zu Gast –
Doch wenn du irgend Liebe für mich hast,
So halt den alten Apollonius fern,
Vor seinen Blicken hüte meinen Stern.«
Lycius, von solchem kühnen Wort betroffen,
Frug nach dem Grund; vergebens doch sein Hoffen,
Sie täuschte Schlummer vor, bis bald die Schatten
Des Schlafs ihn selber eingefangen hatten.

Die Sitte forderte, dass man die Braut,
Wenn sanfte Abendröte niederschaut,
Mit prächtigem Wagen ihrem Heim entführte;
Und viel Gepränge solchem Zug gebührte,
Wie Fackellicht und Liedes Süßigkeit –
Dies fremde Weib doch hatte kein Geleit.
So harrte sie, indessen Lycius eilte,
Den Kreis zu sammeln, der die Freude teilte.
Und da sie wusste, dass wohl nimmermehr
Sein töricht Herz entsagte dem Begehr,
Die Hochzeit laut und pomphaft zu begehen,
So wollte denn auch sie das Fest versehen
Mit allem, was ihr zu Gebote stand.
Doch was für Kräfte sie dazu verwandt,
Woher sie kamen, die ihr Hilfe brachten
Und Tagesarbeit in Minuten machten –
Das weiß man nicht. Es war, als rauschten Schwingen
Durch Tor und Hallen, alles zu vollbringen.
Der Festsaal schimmerte in lichter Pracht,
Und Festmusik durchtönte lind und sacht
Das weite Haus mit seltnem Weh und Klagen,
Als habe sie das Zauberdach zu tragen
Und fürchte, alles könne plötzlich schwinden.
Und stolze Zedern, die von Laubgewinden
Viel Schnitzwerk trugen, stellten Feigenbaum
Und Palme dar und reihten durch den Raum
Sich aneinander bis zu jener Stelle,
Wo hoch der Brautsitz stand in Strahlenhelle;
Denn reihenweis durchfloss ein breiter Strom

Von Lampenlicht des Saals gewaltigen Dom.
So überwölbt lag reich ein wartend Mahl
Und schickte dampfend Düfte in den Saal;
Und Lamia schritt in fürstlichem Gewand –
Und wie sie schweigend ging und stille stand
In blasser Ruh, die ihre Unruh deckte,
Trieb sie die Geisterschar, die wohl versteckte,
Zu immer neuem Überschwange an,
Bis jeden Winkel Pracht und Prunk umspann.
Die Wände waren breite Marmorplatten,
Die Jaspistäfelung zum Schmucke hatten,
Und hingemaltes zartes Baumgerank
Stand zwischen breiten Zedern licht und schlank.
Sie sah zufrieden hin; dann glitt sie fort,
Entschwebte und verschloss den Feierort,
Der fertig und bereit zum wilden Feste
Der ihr so unwillkommnen lauten Gäste.

Die Stunde kam. O unbedachter Mann,
Was zogst du diesen rohen Schwarm heran!
Was musstest du dein süß verschwiegnes Fest,
Der Liebestunden warm gebettet Nest,
Der andachtlosen Neugier so entdecken! 121
Die Menge nahte, und mit Hälserecken
Bestaunten sie das Tor und traten näher.
O Wunder, Wunder hier für jeden Späher!
Von Kind auf hatten sie den Ort gekannt,
Auf dem jetzt plötzlich solche Pforte stand
Zu stattlich hohem, fürstlich stolzem Haus.
Da eilte Neugier jedem Schritt voraus
Und trieb sie an und machte alle kühn.
Nur einer war, der ernst und düster schien
Und würdig und gedankenvoll sich nahte.
Ihm war, als ob er ein Problem errate,
Als löse sich ein Rätsel, das schon sehr
Den Geist ihm fesselte, nun mehr und mehr
Und schwinde hin und werde sonnenklar –
Wie listig klug doch Apollonius war!

Im Vorraum bei den Gästen traf er bald
Den jungen Schüler. »Lycius«, sprach er kalt,
»Verzeih, dass in dem Schwarm der jüngern Gäste
Ich ungebeten nahe deinem Feste,
Und dennoch muss ich dieses Unrecht tun.«
Lycius ward rot vor Scham und führte nun
Den Alten durch weitoffne innre Pforten.
Er war verwirrt und suchte sehr nach Worten,
Um mit geziemender Ergebenheit
Zu mildern des Gelehrten Dreistigkeit.

Der Festsaal war von reichem Prunk erfüllt,
In grellen Glanz und schweren Duft gehüllt;
Vor jedem Lager licht ein Becken stand,
Myrrhen und Würzholz füllten's bis zum Rand,
Von schlank geschweiftem Dreifuß hochgehalten
Hob jedes sich aus weichen Teppichfalten:
122 Aus fünfzig Räucherbecken wob ein Flor
Von fünfzig Rauchgewinden sacht empor,
Und rings in Spiegelwänden sah man Reigen
Von Zwillingswölkchen mit zum Dache steigen.
Zwölf hohe runde Tische hoben sich
Auf Leopardentatzen wunderlich
Und trugen schwer, wie Erntefeld an Korn,
Das Goldgerät und Frucht aus Ceres' Horn,
Ein Strom von Wein stand dort zum Trunk bereit.
Aus düstrer Tonne jetzt ans Licht befreit.
Und jeden Tisches Gold und Mahl und Wein
Schloss mitten eines Gottes Bildnis ein.

Nachdem ein jeder Gast den Schwamm gefühlt,
Mit dem ihm Sklaven Hand und Fuß gekühlt,
Und jedes Haupt nach feierlicher Art
Mit duftigen Ölen übergossen ward,
Betraten sie in weißem Kleid den Saal
Und legten sich zum auserlesnen Mahl
Aufs seidne Lager, und mit leisem Raunen
Gab Ausdruck man dem übermäßigen Staunen.

Sanft goss Musik die lieblichleisen Wellen,
Sanft war der Griechensprache klangvoll Schwellen,
Solang der Wein noch nicht in Strömen rauschte
Und man befangen Frag' und Antwort tauschte.
Doch als der frohe Saft das Hirn erwärmte,
Ward kühner man und jubelte und lärmte
Zum mächtigeren Freudeschall der Töne.
Die prächtigen Stoffe, Farben – all das Schöne:
Des hochgespannten Saales stolzer Raum,
Die edlen Sklaven – Lamia schön wie Traum –
Dies alles schien nicht mehr so wunderbar,
Nun man vom süßen Weine trunken war;
Denn nicht zu schön und nicht zu göttlich dünkt 123
Dem das Elysium, der begeistert trinkt.
Bald steht Gott Bacchus leuchtend im Zenith,
Und jede Wange, jedes Auge glüht.
Man brachte Kränze von jedwedem Grün,
Drein jeder süße Duft geflochten schien
Beraubter Täler, Höhn und sanfter Hänge.
Aus breiten Körben quoll die bunte Menge,
Um goldne Henkel selbst hing grüne Last,
Dass nach Geschmack sich kröne jeder Gast,
Das Haupt bekränze mit erwähltem Grün,
Das seinem Wesen anzustehen schien.

Für Lamia welchen Kranz? Für Lycius dann?
Und welcher steht dem Apollonius an?
Des Weibes wehe Stirne sei umschlungen
Von schlankem Weidenzweig und Natterzungen,
Und für den Jüngling soll die Rebe sein,
Dass seiner Augen allzu wacher Schein
Hintauche in Vergessen; und des Allen
Gehässige Stirn soll Speergras scharf umfallen
Und kriegerische Distel stechend drücken;
Denn flieht nicht aller Zauber vor den Tücken
Nüchterner Denkungsart? Da war einmal
Ein Regenbogen hehr am Himmelssaal:
Jetzt kennt man sein Gewebe, seinen Bau,

Die Wissenschaft erklärte ihn genau
Und rubrizierte ihn wie andre Dinge.
Philosophie wirft ihre kecke Schlinge
Um Engelsschwingen und um Zauberpracht
In Luft und Bergesschoß und Meeresnacht,
Zerreißt die Wunder, wie sie auch erzwang
Der zarten Lamia Not und Untergang.

Wie ragend sie bei ihrem Lycius saß,
124 Der alles andre tief verzückt vergaß,
Bis er gewaltsam sich dem Traum entwand,
Den Becher nahm, der perlend vor ihm stand,
Und weit den heißen Blick hinüberschickte –
Ob nicht sein alter Lehrer freundlich blickte.
Der Philosoph und Kahlkopf aber starrte
Zur schönen Braut, die regungslos verharrte.
Mit Brauenrunzeln blickte er sie an,
Zwang ihren süßen Stolz in seinen Bann.
Lycius nahm ihre Hand und hielt sie fest.
Die lag so bleich aufs Lager hingepresst
Und war so kalt, dass es sein eigen Blut
Durchschauerte, – dann wieder so voll Glut,
Dass heiße Woge ihm zum Herzen schoss,
Darein sie Angst und tiefes Grauen goss.
»Lamia, was soll das? Sag, was ficht dich an?
O gib mir Antwort: Kennst du jenen Mann?«
Arm Lamia sagte nichts. Er spähte tief
Ins Auge ihr, ob nicht ein Blick ihn rief.
Doch nichts verriet ein Grüßen und Erkennen –
Umsonst sein Blick, sein sehnendes Entbrennen!
»Lamia!«, so schrie er auf. Doch sie blieb stumm,
Und stumm ward auch die Gästeschar ringsum.
Das Jauchzen der Musik verstummte ganz,
Und Myrte welkte in jedwedem Kranz,
Und Stimme, Flöte und Vergnügen schwand,
Bis Totenstille schwer im Saale stand;
Gespenstisch schien sie, wild und wahrnehmbar
Und setzte Schrecken jedem Mann ins Haar.

»Lamia!«, so kreischte er, und nur sein Ruf
Im toten Schweigen sich ein Echo schuf.
»Hinweg, du Traum!«, so schrie er angstvoll laut
Und spähte neu ins Antlitz seiner Braut,
Wo keine blaue Ader mehr belebte
Die edle Schläfe, und kein Rot erbebte
Auf zarter Wange; keine Leidenschaft
Verlieh dem fernen Blick Gefühl und Kraft:
Und nicht mehr schön und jung und liebereich
Saß Lamia da – erstarrt und totenbleich.
»Schließ, schließ die Augen, unbarmherziger Mann!
Blick fort, du Unhold! Sonst soll dich der Bann
Der Götter treffen, deren Zorn entsiegelt
Sich schattenhaft in diesen Bildern spiegelt;
Dein Auge soll ihr scharfer Zorn durchstechen,
Den frechen Blick in Schmerz und Blindheit brechen,
Dass du in Zittern und in ewigem Bangen
In Reue und Gewissensnot gefangen
Vor ihnen fliehst, die du so schwer verletzt,
Da du dich frevelnd über sie gesetzt.
Korinther! Seht ihr den graubärtigen Wicht
Und die Besessenheit, die aus ihm spricht
Und seine wimperlosen Lider weitet
Und wie ein Dämon seine Blicke reitet?
Korinther, seht, wie meiner süßen Braut
So namenlos vor seinen Blicken graut!«
»Narr!«, sagte der Sophist in leisem Ton.
Die Stimme bebte in zufriednem Hohn. –
Von Lycius nur ein banger Seufzer kam,
Der seinen letzten Lebensatem nahm.
Er stürzte nieder mit gebrochnem Herzen,
An seiner Seite kämpften Lamias Schmerzen.
»Narr, Narr!«, rief jener, während seine Augen
Noch immer reglos an den ihren saugen,
»Vor allem Übel schützt' ich dich bis heute –
Und ließe einer Schlange dich zur Beute?«
Da atmet Lamia Tod; der Blick des Weisen
Durchbohrte grausam sie wie scharfes Eisen.

Sie bat ihn, still zu sein, so gut die Hand
126 Noch schwach die Bitte kundzutun verstand.
Umsonst; er blickte, blickte wieder –: Nein!
Und nochmals: »Einer Schlange!« – Gelles Schrei'n –
Und sie verschwand, und niemand sah sie mehr.
Und Lycius' Arm war von Entzücken leer,
Leer wie sein Leib von Leben. Stumm und kühl
Lag vor den Freunden er auf hohem Pfühl,
Sein Puls stand still, es ging kein Atemzug –
127 Tot war der Leib, der Hochzeitskleider trug.

Hyperion

Erstes Buch

In tiefen Tales schattigem Trauerdunkel,
Versunken vor des Morgens frischem Hauch,
Des Mittags Glut, des Abends einem Stern,
Saß, grau im Haar, Saturn, so still wie Stein,
Still wie das Schweigen um sein Lager rings.
Rund um sein Haupt hing bergend Forst bei Forst,
Wie Wolke über Wolkenbank. Die Luft
War stiller noch wie je an Sommertag,
Da sie dem Gras den leichten Samen nahm;
Und welkes Blatt blieb liegen, wo es fiel.
Ein Fluss zog stumm vorbei, verstummter noch
Im düstern Schatten des gefallnen Gottes.
Im Schilfversteck schloss bebend die Najade
Den kalten Finger fester auf die Lippen.

Fußstapfen gingen breit im Ufersand,
Nicht weiter, als sein Fuß gekommen war,
Und schliefen dann. Auf moorig feuchtem Boden
Lag kraftlos, reglos seine Rechte, tot
Und zepterlos. Sein Auge war geschlossen,
Das Herrscherauge, das kein Reich mehr bannte.

Gebeugtes Haupt schien seiner Mutter Erde,
Uralter Mutter, Trostwort zu erbitten.

Es schien, als könne keine Macht ihn wecken.
Doch eine kam, die seine breiten Schultern
Mit trauter Hand berührte, da der Stille
Nicht sah, wie sie zum Gruß sich tief verneigte,
Sie, eine Göttin der noch jungen Welt!
So groß war sie, dass selbst die Amazone,
Die hochgewachsne, zwerghaft neben ihr.
Sie hätte leicht Achill beim Schopf gepackt,
Den Nacken ihm gebeugt, und hielte leicht 128
Ixions Rad mit einem Finger an.
Ihr Antlitz war so breit wie memphischer Sphinx
Verschwiegnes Angesicht, in das Gelehrte
Um Kunde von Ägypten prüfend blickten.
Doch oh, wie wenig marmorn dies Gesicht!
Wie schön, wenn nicht der Kummer es verstände,
Noch schöner als selbst Schönheit auszusehn!
Ein angstvoll Lauschen lag in ihrem Blick,
Als habe Unheil eben erst begonnen;
Als hätten erste Wolken böser Tage
Ihr Übel ausgespien und jetzt ergrolle,
Schwer voll von Donner, neues Leidgeschick.
Die eine Hand lag fest auf jener Stelle,
Wo Menschenherz in Schmerz zu schlagen pflegt,
Als fühle dort auch sie die herbste Pein,
Sie, die unsterblich doch und göttlich war;
Die andre um Saturns gebeugten Nacken
Geschmiegt, so bog sie sich zu seinem Ohr
Und sprach mit ernster voller Orgelstimme
Die Trauerworte, die in unsrer Sprache –
Wie kraftlos, ach, verglichen mit den Lauten
Der frühen Götter! – dies bedeutet hätten:

»Saturn, blick auf! – Wozu jedoch, du Armer?
Ich habe keinen Trost für dich, nicht einen!
Ich kann nicht sagen: Oh, was schläfst du doch?

Denn Himmel ist von dir getrennt, und Erde
Kann dich Gebeugten nicht als Gott erkennen;
Und Ozean mit seinem Wogenbrausen
Entwand sich deinem Zepter, und die Luft
Ist leer von deiner greisen Majestät.
Dein Donner, neuer Herrschaft untertan,
Umdröhnt nur zögernd dein gestürztes Haus.
129 Dein scharfer Blitz in ungeübten Händen
Zerstört das einst so selig heitere Reich.
O Schmerz! O Augenblicke groß wie Jahre!
Ihr rollt vorbei und schwellt die ungeheure
Grausame Wahrheit aus und presst sie schwer
Auf unsern müden Gram, dass Selbstbetrug
Nicht einen Atemzug mehr wagen kann. –
Saturn, schlaf fort! – O wie gedankenlos
Verletzt' ich Schlummer dir und Einsamkeit.
Warum den schwermutvollen Blick dir öffnen?
Saturn, schlaf fort! Ich weine dir zu Füßen.«

Wie wenn in tief entrückter Sommernacht
Die grünberockten Ratsherrn mächtiger Wälder,
Die hohen Eichen, von den ernsten Sternen
In Bann gezaubert, träumen und die Nacht,
Die ganze Nacht so reglos weiter träumen,
Nur dann und wann von Windstoß wachgeschaukelt,
Der sachte in das Schweigen stößt und stirbt,
Als ebbe hoch in Luft nur eine Woge,
So kamen, gingen diese Tränenworte.
Sie bog die schöne breite Stirn zu Boden,
Sodass ihr Haar, ein sanfter seidner Teppich,
Saturn zu Füßen ausgebreitet lag. –
Ein Mond war mählich wechselnd hingegangen,
Und reglos ruhten immer noch die beiden,
Wie Steingebild in domgewölbter Grotte:
Der Gott erstarrt am kalten Boden kauernd,
Die Göttin tränenvoll zu seinen Füßen –
Bis nun Saturn den welken Blick erhob
Und sah, sein Königreich war fort, und sah

Das Dunkel und die Trauer dieses Ortes
Und jene schöne Göttin knien und sprach,
Indem sein Bart wie Espenlaub erbebte,
Mit schwerer, wie von Gram gelähmter Zunge: 130
»O Thea, sanft Gemahl Hyperions,
Ich fühl dich mehr, als ich dein Antlitz sehe;
Blick auf und lass mich unser Schicksal lesen,
Blick auf und sprich, ob dieser schwache Leib
Saturn noch ist, ob diese leere Stimme
Saturn noch ist, ob diese Runzelstirne,
So nackt und ihres Diadems beraubt,
Saturnens Stirne gleicht? Wer hatte Macht,
Mich arm zu machen? Woher kam die Kraft,
Wer nährte sie zu so gewaltgem Sturm,
Da Schicksal doch in meiner sehnigen Faust
Gefesselt schien? Doch ach, es ist geschehen.
Ich bin gestürzt und grabesfern dem Wirken
Der Göttlichkeit, der gütigen Gewalt
Auf bleiche Sterne und auf Wind und Meer,
Dem sanften Segen über Saal und Ernte
Und allem Tun, darein erhabne Gottheit
Ihr Herz voll Liebe gießt. – Dem eignen Busen
Bin ich entflohn und ließ mein wahres Selbst,
Mein bessres Ich wohl irgendwo am Thron
Und hier am Boden liegen. Thea such!
Tu auf den ewigen Blick und schick ihn rund
In alle Weiten, weit in Sternenraum,
Der lichtverlassen, weit in leere Luft
Und weit in Feuerschlund und Höllengähnen. –
Such, Thea, such! Und sag mir, ob du nicht
Ein seltsam schattenhaftes Wesen schaust,
Das hoch auf Flügeln oder Feuerwagen
Sich Wege bahnt, um Himmel zu erobern,
Die unlängst es verlor: Es muss, es muss
Ans Ziel hinauf – Saturn *muss* König sein!
Ja, kommen muss ein herrlich goldner Sieg;
Gestürzte Götter und Trompetenblasen,
Triumphgetön und helle Festgesänge 131

Auf goldnen Wolken hoch in Herrscherhöhn,
Verkündungsruf und silbersanftes Rühren
Von Saitenspiel; und vielfach schöne Dinge
Will neu ich schaffen: Lust den Himmelskindern
Und Überraschung! Auf! Befehlen will ich!
O Thea! Thea! Sag, wo ist Saturn?«

Dies Feuer riss ihn auf. Er stand und drohte
Mit Fäusten in die Luft. Aus Götterlocken,
Die flogen, troff der Schweiß; in seinen Augen
Lag Fieberglut, und seine Stimme brach.
Er stand und hörte Theas Seufzen nicht.
Nur kurze Zeit, und dann entstürmte neu
Sein Zorneswort: – »Kann ich nicht Schöpfer sein?
Kann ich nicht formen? Eine zweite Welt,
Ein ander Universum auferwecken,
Das dieses stürzt und ganz zu nichts zermalmt?
Wo ist ein andres Chaos? – Wo?« Dies Wort
Schwang aufwärts zum Olymp und ließ erbeben
Die drei Rebellen. – Thea sprang empor,
Und Hoffnung schien ihr Wesen zu beleben,
Als sie nun schnell, doch ehrfurchtsvoll, begann:

»Dies bringt den Unsern Mut! Komm zu den Freunden,
Saturn! Komm fort und sprich den Armen Trost.
Ich kenne ihr Versteck, ich kam von dort.«
Nur dies. Beschwörend brannten ihre Blicke,
Indem sie rückwärts fort ins Dunkel schritt.
Er folgte, und sie wandte sich voran
Durch altes Dickicht, das wie Nebel wich,
Wenn Adler ihn, vom Horste fliegend, teilen.

In andern Reichen flossen währenddessen
132 Noch schmerzlicher die schweren Leidenstränen,
Und Gram war größer, als des Menschen Wort,
Als Spruch und Feder wiedergeben können.
Titanen, die in Schmach und Fessel lagen,
Verlangten nach der alten Lehnspflicht heim

Und lauschten leidvoll, ob Saturn nicht rufe.
Nur einer aus der Mammutbrut bewahrte
Noch Überlegenheit und Zucht und Größe.
Hyperion, der Lodernde, saß noch
Auf seiner Feuerkugel, tief umduftet
Vom Weihrauch, den zum Sonnengott empor
Die Menschen schickten, – Unruh doch im Herzen.
Denn wie uns Erdenvolk ein düstres Omen
Verwirrt und schreckt, so schauderte auch er –
Nicht über Hundelaut und Eulenschrei,
Noch über Spuk beim Klang des Totenglöckchens,
Noch über Lampenlied um Mitternacht –
Viel stärker ist das Graun, das Riesen schreckt
Und das Hyperion erbeben machte.
Sein strahlender Palast, von Pyramiden
Durchglühten Golds umwogt und mild beschattet
Von bronznen Obelisken, glomm wie Blut
Durch all die tausend Höfe, Bogen, Hallen,
Und jeder Vorhang morgenroter Wolken
Erglühte bös, und breite Adlerschwingen,
Wie Götter nicht noch Menschen je sie sahn,
Verdunkelten den Ort; und Rossewiehern,
Wie Götter nicht noch Menschen je gehört,
Ertönte, und die würzigen Weihrauchwellen,
Die heilige Hügel aufwärtsdampften, schmeckten
Des Gottes weitem Gaumen gar nicht süß,
So beißend scharf vielmehr wie giftiges Erz.
So kam es, dass der Gott, wenn schläfrig müde
Im Westen er nach klaren Tages Schluss
Zu sanfter Ruh in Armen von Musik 133
Auf hoch gehäuften Kissen Zuflucht nahm,
Die Stunden, die ihm Schlummer bringen sollten,
Mit riesigem Schritt von Saal zu Saal durchwachte;
Indes in tiefen Winkeln weiter Hallen
In dichten Gruppen seine Treuen standen,
Erschreckte, angstverwirrte Flügelgeister, –
Gleich Menschen, die zu atemlosen Haufen
Zusammenrennen, wenn die Erde bebt

Und Turm und Häuser durcheinanderrüttelt.
Jetzt, als Saturn, aus eisiger Starrsucht wach,
Mit Thea Schritt für Schritt durch Wälder nahte,
Kam schräg herab auf Westens goldne Schwelle
Hyperion, das Zwielicht hinter sich.
Wie stets, so flog nun des Palastes Tor
In sanftem Schweigen auf, nur Feierflöten,
Die Zephir bliesen, gaben heilig süß
Und hingehaucht gemessne Melodien.
Und rosengleich in Farbe, Form und Duft,
Das Auge kühlend, stand in Pracht erschlossen,
Dem Gotte Einlass bietend, dieses Tor
Zu aller hehren Himmelsherrlichkeit.

Er überschritt die Schwelle, doch in Zorn:
Sein Kleid goss Flammen hinter seinen Füßen
Und gab ein Brausen, wie von Feuersbrunst,
Dass all die ätherzarten Stunden flohn,
Erschreckt wie Taubenflug. Und weiter flammte
Von hohem Säulengang zu Saal und Saal,
Durch Bogenhallen voll verhülltem Glanz
Und lange lichte Diamantarkaden
Der Gott bis hin zur ungeheuren Kuppel.
Dort stand er feurig still und stampfte auf,
Dass tief vom Fundament zu höchsten Türmen
134 Sein goldnes Reich erbebte; und bevor
Das Donnerrollen noch geendet hatte,
Brach, göttlicher Beherrschung müd, sein Schmerz
In diesem Ruf: O Träume Tag und Nacht!
O Graungestalten, Bilder ihr von Leid!
Geschäftige Geister durch die kalte Nacht!
Langohrige Gespenster schwarzer Sümpfe!
Was kenn ich euch? Was sah ich euch? Warum
Ist so zerstört mein ewiges Dasein, dass
Ich neu und immer neu die Schrecken sehe?
Saturn sank hin, soll dies auch mir geschehn?
Soll ich den Hafen meiner Ruh verlassen,
Die Wiege meiner Pracht, dies sanfte Reich,

Den stillen Glanz des segensvollen Lichtes,
Kristallne Pavillons und reine Tempel
All meiner Herrscherherrlichkeit? Nun liegt
Mein Zufluchtsort vereinsamt, leer und tot;
Die Helle, Freudigkeit und Symmetrie –
Ich seh sie nicht – nur Dunkel, Tod und Dunkel.
Selbst hier ins Tiefste meiner Schlummerhallen
Sind düstre Visionen eingedrungen,
Um meine Macht zu kränken und zu stürzen. –
Zu stürzen? – »Nein, bei Tellus' salzigem Kleid!
Hervor aus Feuergrenzen meines Reichs
Will furchtbar dräuend rechten Arm ich recken
Und den Rebellen Jupiter vernichten,
Den knabenhaften Donnrer, und Saturn,
Den Greis, von Neuem auf den Thron erheben.« –
Er sprach, verstummte; denn noch schlimmres Drohn
Würgt' ihn im Hals, doch wagte sich nicht vor.
Denn wie ein Lärm, je mehr man Ruhe fordert,
Sich durchs Theater weiterpflanzt, so regten
Beim Wort Hyperions sich die bleichen Schatten
Wohl dreifach grauenvoll und dreifach kalt.
Und von der Spiegelfläche, wo er stand,
Stieg Nebel auf wie Schaum von glattem Sumpf.
Da kroch ein wilder Schmerz durch seinen Leib,
Von Fuß zu Kopf, wie muskelstarke Schlange,
Die sich geschmeidig windet, Kopf und Nacken
In Krampf erstarrt. Erlöst entfloh er dann
Zum Tor des Ostens; und sechs volle Stunden
Eh Dämmrung ein Erröten schuldig war,
Blies an verschlafnes Tor sein heißer Atem,
Blies schwere Dünste fort und warf sie weit
Auf Meeres eisige Strömungen hinaus.
Die Feuerkugel, die ihn jeden Tag
Von Ost nach West durch alle Himmel trug,
Flog wirbelnd hinter schwarzen Wolkenschleiern;
Doch darum nicht verschleiert und verborgen,
Denn oft erglommen Kreise und Koluren
Und flochten in das milde Dunkel Blitze

Tief vom Nadir bis aufwärts zum Zenith –
Uralte Hieroglyphen, die die weisen
Sterndeuter jener Erdenzeiten lasen
Und durch Jahrhunderte erobert hatten –
Verloren nun, bis auf die wenigen Zeichen
Auf allen Steinen oder Marmortafeln,
Ihr Sinn nicht fassbar, ihre Weisheit fort. –
Zwei breite Silberschwingen trug die Kugel,
Zwei Flügel ihrer Pracht und Herrlichkeit,
Die bei des Gottes Nahn verzückt erbebten.
Jetzt spreiteten sich vor aus Dämmerdunkel
Die riesigen Federn, eine nach der andern,
Bis alle flugbereit gebreitet lagen.
Noch immer aber schwamm der Ball in Dunkel,
Hyperions Befehl entgegenbebend.
Gern hätte er befohlen, gern den Thron
Bestiegen und den Tag beginnen lassen –
136 Er durfte nicht – er, der Urgötter einer –
Weh dem, der heiligen Zeitenlauf verrückt!
So hielt das Morgenweben zögernd inne
Und harrte, wie es hier beschrieben steht.
Die Silberschwingen schwammen schwesterlich,
Des Flügelschlags begierig. Hohe Tore
Enthüllten offen weite Nachtbereiche.
Und der Titan, in Weh und Wahnsinn bebend,
Dem Beugen ungewohnt, er beugte nun
Den Sorgen dieser Zeit die starre Seele.
Und weit entlang auf grausen Wolkenrücken,
An schmalem Grenzgebiet von Nacht und Tag,
Streckt er in Gram und matten Glanz sich hin.
Als so er lag, sah Himmel mit den Sternen
Mitleidig nieder, und aus Weltallräumen
Drang Coelus' Stimme leis und ernst zu ihm:
»O hellstes meiner lieben Kinder du,
Den Himmel zeugte, Erde mir gebar,
Sohn von Geheimnissen, selbst denen dunkel,
Die dich geschaffen: seltsam süße Freuden
Und Herzgefühle, die mir Wunder waren,

Mich, Coelus, wunderten, woher sie kamen.
Und Wunder waren dieser Freuden Früchte,
Klar sichtbare und göttliche Symbole,
Wie Offenbarung jenes schönsten Lebens,
Das ungesehn durch ewige Weiten strömt:
Von diesen Neugeschaffnen bist auch du,
Sind jene Göttinnen und deine Brüder!
Doch wehe! Streit ist unter euch, Empörung
Des Sohnes gegen seinen Herrn. Ich sah,
Sah meinen Ältesten vom Throne sinken!
Zu mir reckt' er die Arme, sandte Rufe
Hervor aus Donnersturm, der ihn umtost.
Erbleichend barg ich mein Gesicht in Wolken.
Droht solch Geschick auch dir? Dies ängstet mich, 137
Denn wenig göttlich seh ich meine Söhne.
Als Götter wurdet ihr erschaffen; göttlich,
In Würde, himmelhehr und ungestört
Gleich hohen Göttern lebtet, herrschtet ihr.
Jetzt seh ich Furcht in euch und Leid und Hoffen,
Und Wut und Leidenschaft durchloben euch,
Als wärt ihr nichts denn niedre Staubgeborne
Und Todessöhne. – Dies ist Leid, o Sohn!
Verfall und Angst und Sturz! Doch ringe du,
Der du, ein wahrer Gott, dich regen kannst
Und jeder bösen Stunde Körperkraft
Und Wesenheit entgegensetzen kannst.
Ich selbst bin nichts als Stimme, und mein Leben
Ist Leben nur von Strömungen und Stille,
Nur Strömungen und Stille dienen mir. –
Du aber *kannst!* – So sei ein kühner Kämpfer,
Ja, halt des Feindes Pfeile auf, bevor
Die straffe Sehne summt. – Hinab zur Erde!
Dort findest du Saturn und seine Klagen.
Ich will indessen deine helle Sonne
Und deiner Zeiten rechten Lauf behüten.« –
Eh halb dies Weltgeflüster niederkam,
War auf Hyperion; die gebogenen Lider
Zu Sternen hochgerichtet, horchte er,

Bis Stille ward. Und schaute immer noch
Und noch hinauf in feierliche Sterne.
Dann, wie der Taucher taucht in Perlenmeere,
Bog sachte er die breite Brust nach vorn
Und stieß von luftiger Küste weit hinab
Und tauchte lautlos unter in die Nacht.

Zweites Buch

Derselbe Flügelschlag der Zeit, der sachte
138 Hyperion durch bewegte Lüfte trug,
Ließ Thea mit Saturn den Ort erreichen,
Wo Cybele und die Titanen murrten.
Kein Lichtschein konnte ihre Tränen treffen
In jener Höhle, wo sein eignes Grollen
Ein jeder fühlte, doch nicht hören konnte;
Denn donnernd brüllten nahe Wasserstürze
Und gossen ewig neue Mengen aus.
Block griff empor zu Block, und Felsen schienen
Wie aufgeschreckt aus langem fernem Schlaf
Eng Stirn an Stirn und Horn an Horn zu pressen
Und schufen so in tausend Traumgebilden
Dem Klagenest ein seltsam düstres Dach.
Sie saßen nicht auf Thronen; harter Kiesel
Und zottiger Stein und spitzer Schiefergrat,
Den Eisen härtete, gab ihnen Lager.
Nicht alle waren da, denn manche rangen
In Kettenbanden, manche schweiften weit.
Cocus und Gyges und Briareus,
Typhon und Dolor und Porphyrion
Und viele mehr, die Sehnigsten im Kampfe,
Sie waren eingepfercht zu Not und Mühn,
In dunkle Elemente eingekerkert,
Wo sich verbissner Mund nicht öffnen durfte
Und fest geschlossne Glieder reglos drohten,
Gepresst, gekrampft, wie Adern von Metall.
Nur ihre großen Herzen keuchten Qual
Und pulsten fiebernd auf in blutiger Not.

Es schweifte Mnemosyne durch die Welt
Und Phoebe weilte ihrem Monde fern.
Und viele andre waren frei zu wandern –
Die meisten aber suchten hier den Schutz.
Wie leblos lagen sie: Druidenblöcke,
Die auf verlassnem Moor in Runde stehn
Wenn Abend dunkelt und der kühle Regen, 139
Novemberregen fällt in ihre Gruft,
Der Himmel selbst in Nacht erblindet ist.
Verschlossen lag ein jeder, gab dem Nächsten
Nicht Wort noch Blick, noch Zeichen der Verzweiflung.
Creus war einer; mächtiger Eisenhammer
Lag neben ihm, und ein zersprungner Fels
Gab Bild von seiner Wut, eh dass er sank.
Iäpetus ein andrer. Seine Faust
Umspannte schleimigen Schlangenhals; gespalten
Quoll aus der Gurgel gierig lange Zunge,
Und steif und tot lag sie und nicht gerollt
Und konnte dem Erobrer Jupiter
Nun nicht ihr Gift ins kecke Auge spritzen.
Dann Cottus, auf der Erde das Gesicht,
Kinn aufgereckt als wie in Schmerz, denn noch
Schlug er den Schädel wütend an den Stein
Mit offnem Mund und furchtbar wilden Blicken.
Nächst ihm Asia. Caf, die ungeheure,
Gebar sie, die, ein Weib, der Mutter Tellus
Mehr Weh gemacht als einer ihrer Söhne.
Nicht Leid, – Verträumtheit lag in ihrem Blick,
Denn Ruhm und Ehre ahnte sie voraus.
Vor ihren weiten Seheraugen standen
Palmschattige Tempel, ragende Altäre,
Am Oxus und auf heiligen Gangesinseln.
Wie Hoffnung sich auf ihren Anker stützt,
Doch nicht so schön, so lehnte sie am Stoßzahn,
Der ihrem größten Elefant genommen.
Auf zackigem Klippenrande über ihr,
Den Arm gestützt und lang am Boden liegend,
Düstrer Enceladus; einst zahm und mild,

Wie friedlich grasend Rind auf grüner Wiese,
Jetzt tigerwild und löwenlauernd, plante
140 Und raste er und warf Felsblöcke auf
In jenen Kampf, dass scheu die jungen Götter
In Tiergestalt sich zu verbergen suchten.
Nicht ferne Atlas; neben ihn gestreckt
Lag Phorkus, der Gorgonen Herr. Und enge
Beisammen Thetis und Oceanus.
In Thetis Schoß gebettet lag Clymene
Und schluchzte ruhlos in ihr schönes Haar
Inmitten aller Themis, eng zu Füßen
Von Ops, der Königin, die ganz umwölkt,
Den Blicken unsichtbar – noch mehr; als wenn
Aus Wolken und aus Fichtenwipfeln Nacht
Ein Ganzes macht – und viele andre hoch.
Ihr Name sei verschwiegen, denn wenn Muse
Die Schwingen hebt, wer hindert ihren Flug?
Und von Saturn und seiner Führerin
Muss nun sie singen, die mit nassem Fuß
Aus Tiefen kamen, die noch grauenvoller.
Ob düstern Felsen ragte beider Haupt,
Und die Gestalten wuchsen, bis ihr Schritt
Auf ebnem Boden endlich Ruhe fand.
Da reckte Thea bebend ihre Arme
Hin über dieses Nest des großen Leids
Und seitwärts sah sie in Saturns Gesicht:
Hier flammte harter Kampf. Der große Gott
Rang schwer mit Gram und Schwäche, Furcht und Wut,
Besorgnis, Mitleid, Reue und Verzweiflung.
Vergeblich stritt er gegen diese Plagen,
Denn Schicksal hatte tödlich schwächend Gift
Ihm übers Haupt gegossen, sodass Thea
Erschreckt zur Seite wich und ihn als ersten
Eintreten ließ zu der gefallnen Horde.
Wie Sterblichen das schwer beladne Herz
Noch mehr in bangem Druck und Qualen fiebert,
141 Wenn es dem trauervollen Haus sich nähert,
Wo andre Herzen gleicher Schmerz gebrochen,

Befiel Saturn, der zu den andern trat,
Ein Ohnmachtweh, das fast ihn niederwarf.
Da aber traf sein Blick Enceladus,
Des Auge machtvoll, doch in Ehrfurcht flammte
Und alle Kräfte hob; und laut erscholl
Sein Wort: »Titanen, blickt auf euren Gott!«
Da grollten manche Antwort, manche sprangen
Erwacht empor, und manche schrien laut.
Und manche weinten, andre klagten schwer,
Und alle neigten sich in Ehrerbietung.
Und Ops hob ihren schwarzen Schleier auf,
Ließ bleiche Wangen, müde Stirne sehn,
Schwarzdünne Augenbraun und hohle Augen. –
Ein Raunen weht durch kalte Fichtenstämme,
Wenn Winter seine Stimme hebt; ein Raunen
Durcheilt die Ewigen, wenn ein Gott den Finger
Verwarnend hebt, zum Zeichen, dass ihm nun
Die volle Wucht urmächtiger Gedanken
Mit Donner und Musik vom Munde komme.
Solch Raunen ist wie Rauschen kalter Fichten,
Dem, wenn es in der Bergeswelt verstummt,
Kein andrer Laut mehr folgt. Doch hier bei diesen
Gefallnen hob Saturnens Wort sich nun
Wie Orgel, die ihr Tönen neu beginnt,
Wenn andre Harmonien, schnell verstummt,
Die Luft in Schwingungen zurückgelassen.
So hob es an: – »Nicht in der eignen Brust,
Die selbst ihr Richter und Erforscher ist,
Find ich den Grund, weshalb ihr *also* seid;
Nicht in Legenden von urerstem Tage
Aus jenem Buch, drin Weisheit jedes Blatt,
Das sterniger Uranus mit hellem Finger 142
Vom Meeresstrand der Finsternis gerettet,
Du Ebbewogen es in Dunkel bargen,
Aus jenem Buch, das immer, wie ihr wisst,
Als sichre Fußbank mir gedient: – wahrhaftig,
Nicht dort und nicht in Zeichen noch Symbol,
Noch Warnungsbild in Erde, Wasser, Luft

Und Feuer, Krieg und Frieden oder Streit
Des einen Elementes gegen andres,
Noch auch im Streit von dreien oder allen,
Noch auch wenn eines gegen dreie steht,
Wenn Luft und Feuer miteinander zanken,
Wenn Regen sie in Wasserflut ertränkt
Und beide ans Gesicht der Erde presst,
Wo, Schwefel findend, vierfach Ungestüm
Das arme Weltall aus den Angeln hebt;
In jenem Kampfe nicht, aus dem ich Kunde
Seltsamer Weisheit tief verstehend lese,
Find ich den Grund, weshalb ihr *also* seid.
Enträtseln kann ich nicht – wie sehr ich suche
Im ungeheuren Buche der Natur,
Bis Schwindel mich erfasst – weshalb ihr Götter,
Ihr Erstgebornen von Gestalt und Form,
Euch beugen solltet unter eine Macht,
Die, euch verglichen, nur erbärmlich ist.
Da seid ihr dennoch! Überwunden, siech,
Verachtet und geschlagen seid ihr hier!
Titanen! Soll ich sagen: Auf! – Ihr grollt.
Ich sage: Nieder! – Ah, ihr grollt! – Was also?
O weiter Himmel, lieber ferner Vater!
Was kann ich? Sagt mir, all ihr hehren Brüder,
Wie kämpfen wir, wie formen wir die Schlacht?
O sprecht jetzt Rat! Saturnens Ohr verlangt
143 Nach euerm Wort. Oceanus, nun rede,
Du grübelst tief, und staunend sieht mein Auge
In deinem Antlitz jenen sanften Ernst,
Den klares Denken breitet. Gib uns Hilfe!«

So endete Saturn. Der Gott der Meere,
Sophist und Weiser, zwar nicht von Athen,
Vielmehr ein Denker tief in Wassergrotten,
Stand auf, mit trocknen Locken, und begann
In schweren Lauten, die wie Brandung brausten:
»O ihr, die Wut verzehrt, die Leid zermartert!
Die ihr Vernichtung fürchtend Kummer pflegt!

Verschließt die Sinne, schließet eure Ohren,
Mein Wort ist nicht wie Blasebalg für Zorn.
Doch die ihr wollt, hört zu, wie ich beweise,
Dass ihr zu beugen euch gezwungen seid.
Und viel an Tröstung bietet mein Beweis,
Wenn wir des Trostes Wahrheit ganz erfassen.
Naturgesetz ist Ursach unsres Sturzes,
Nicht Jupiter und auch nicht Donnerkraft.
Saturn, erhabner Gott, wohl forschtest du
In jede Einzelheit dem Weltall nach,
Doch weil du König bist, warst du auch blind
Aus Überlegenheit, und eine Straße
War deinem Blick verborgen, eine Straße,
Auf der ich selbst zur ewigen Wahrheit kam.
Und höre erstens: Wie du nicht die erste
Der Mächte warst, bist du auch nicht die letzte;
Du bist der Anfang nicht und nicht das Ende.
Aus Dunkelheit und Chaos kam das Licht,
Aus jenen Früchten innerlichen Aufruhrs,
Der finstern Gärung, die zu fernen Zielen
Hinreifte. Und die reife Stunde kam,
Und mit ihr Licht und Licht, das mit dem eignen
Erzeuger weiter zeugte und fortan 144
Ins Leben rief unendliche Materie.
Seit jener Stunde ward es offenbar,
Dass Erd und Himmel nah Verwandte sind.
Denn du der Erstgeborene, und wir, die Riesen,
Regierten neue schöne Reiche nun.
Jetzt kommt der Wahrheit Schmerz – wenn's Schmerz
  bedeutet.
O Narrheit! Denn die nackte Wahrheit tragen
Und dem Ereignis still ins Antlitz sehn,
Das ist die höchste Hoheit. Merket wohl!
Wie Erd und Himmel viel, viel schöner sind,
Als Dunkelheit und Chaos, und wie wir
Dem Himmel und der Erde weit entragen,
In Wuchs und in Gestaltung fest und schön,
In Willen, Tun und Kameradschaft frei,

Und tausend andern Zeichen reinen Lebens,
So folgt Vollkommneres uns auf dem Fuße,
In Schönheit stärker und von uns geboren,
Bestimmt, emporzuwachsen über uns,
Wie wir das alte Dunkel überragen.
Und mehr nicht sind von ihnen wir besiegt,
Als einst durch uns das formenlose Chaos.
Sagt, streitet denn die träge Erde mit
Den stolzen Wäldern, die sie großgefüttert
Und heut noch füttert – besser als sich selbst?
Kann sie die Hoheit grüner Haine leugnen?
Und soll der Baum die Taube wohl beneiden,
Weil sie mit weißen Schwingen wandern kann,
Wohin sie will, und gurren kann in Lust?
Wir sind so Waldesbäume. Unsre Knospen,
Sie sprangen auf; doch keine bleichen Tauben,
Nein, goldne Adler brachten sie zur Welt,
Die über uns in heller Schönheit schweben
Und darum herrschen müssen; denn Gesetz
Ist dieses: Schönstem sei die Macht! Wahrhaftig!
Durch dies Gesetz mag späteres Geschlecht
Die Sieger über uns in Nöte bringen.
Habt ihr den jungen Meeresgott gesehn?
Ihn, der mich stürzte? Saht ihr sein Gesicht?
Den Wagen, den durch Schaum und Wogen zogen
Beschwingte Wesen, die er selbst sich schuf?
Ich sah ihn durch die sanften Wasser gleiten,
Mit solchem Schönheitsglanz in seinen Augen,
Dass ich von meinem Reiche Abschied nahm,
In Trauer schied und hierher kam, zu sehen,
Wie Schmerzgeschick euch drückte und wie Trost
Ich fände für dies furchtbar große Weh.
Nehmt hin die Wahrheit, lasst sie Balsam sein.«

Ob sie, als nun Oceanus geendet,
Das Schweigen wahrten aus Ergriffenheit,
Aus Hochmut, kann kein tiefstes Denken wissen.
Doch war es so: Nicht einer schenkte Antwort;

Nur sie, die Unbeachtetste, Clymene.
Doch kein Entgegnen war's, nur sanfte Klage
Mit Fiebermund und tränenmildem Blick,
Die schüchtern in der andern Grimm sich wagte:
»O Vater, ich bin hier die schwächste Stimme,
Und all mein Wissen ist, dass Lust entfloh
Und dieses Leid in unsre Herzen kroch,
Für immer dort zu bleiben, wie ich fürchte.
Ich würde nicht von Unglück prophezei'n,
Dächt' ich, ein arm Geschöpf wie ich vermöchte
Die Hilfe abzuwenden, die nach Recht
Uns kommen sollte von den höchsten Göttern.
Doch lass mich meinen Kummer sagen, – sagen,
Wovon ich hörte, was mich weinen machte,
Mir Wissen gab, dass alle Hoffnung fern.
Ich stand an einem anmutvollen Ufer, 146
Wo süßer Atem einer Gegend wehte,
Die Duft und Ruhe, Baum und Blumen hatte,
Voll stiller Freude war, wie ich voll Leid, –
Zu voll von Lust und selig sanfter Wärme,
Sodass mein Herz Verlangen trug zu schelten
Und jene Einsamkeit mit Klageliedern,
Mit Sang von unsren Schmerzen tief zu schmähn.«
Ich setzte mich und nahm geklaffte Muschel
Und sprach hinein und machte Melodie –
O Melodie nie mehr! Denn als ich sang
Und wenig kunstvoll in die Lüfte blies
Der dumpfen Muschel Echo, kam von drüben,
Von grünbebuschtem Inselland im Meer,
Ein Zauber mit den Winden hergetrieben,
Der mich betäubte und doch wach erhielt.
Ich warf die Muschel fort in Sand, und Flut
Verschlang sie, wie mein Sinn verschlungen ward
Von jener neuen goldnen Melodie.
Lebendiger Tod erfüllte diese Klänge
Und jeden Ton und wonnigen Akkord,
Der eilig lief, in neuen Klang verschmolz,
Wie Perlentropfen, die von Fäden fallen.

Und immer wieder folgten andre Töne –
Wie Tauben, die den Ölbaumzweig verlassen,
Musik statt Federn in den leichten Schwingen –
Mich zu umflattern und mich krank zu machen
Mit Lust und Leid in einem Atemzug!
Leid überwog. Ich hielt die Ohren zu,
Doch trotz des Schutzes angstverwirrter Hände
Kam ach wie süße Stimme zu mir her,
Viel süßer noch als Sang erklang's: »Apollo!
Apollo, jung und morgenhell und jung!«
»O Vater und o Brüder, hättet ihr
147 Gefühlt, was ich da litt, hätt'st du's, Saturn,
Gefühlt, ihr würdet den demütigen Mund
Nicht schelten, dass er sucht, gehört zu werden.«

So floss ihr Wort dahin wie schüchtern Bächlein,
Das sachte sich durch Kieselufer schlängelt
Und die Begegnung mit dem Meere fürchtet.
Doch Meer-Begegnung kam und ließ es schaudern:
Gewaltig hob Enceladus die Stimme
Und schlang es ein in Wut. Die Silben rollten
Gleich dumpfen Wogen in durchspülten Höhlen
Der Klippenfelsen tosend ihm vom Mund,
Indes er lässig aufgestützt in Trotz
Noch immer lang auf Felsenplatte lag:
»Wem schenken wir Gehör – dem überweisen,
Dem überdummen dieser Riesen, Götter?
Nicht Donnerschlag auf Donnerschlag, bis jener
Rebell sein Waffenzeug verschleudert hätte,
Nicht Welt um Welt auf meinen Schultern könnte
Mich bittrer peinigen als Kinderworte
In Not und Jammer dieses Schreckensturzes.
So sprecht doch, brüllt, ihr schläfrigen Titanen!
Vergaßt die Schläge ihr, den frechen Stoß?
Hat nicht ein Jünglingsarm euch umgeworfen?
Vergisst du, Herr der Wogen, deinen Sturm? –
Ha! Hab ich mit so wenig schlichten Worten
Schon euern Groll geweckt? O Freude, Freude!

Jetzt seh ich, dass ihr nicht verloren seid.
Jetzt seh ich tausend Augen Rache glühen!«
Als er das sagte, stand er ragend auf,
Und ungehindert fuhr er also fort:
»Jetzt, da ihr Flamme seid, will ich euch lehren,
Der Feinde Äther gründlich durchzuläutern,
Des Feuers Zackenstachel recht zu lenken
Und Jupiters Gewölke wegzusengen, 148
Den Schwachen in sein Zelt zurückzuscheuchen.
O lasst ihn fühlen, was er Übles tat!
Veracht' ich gleich Oceanus' Gerede,
Trag ich doch Leid um mehr als nur Verlust
Von Reichen. Fort ist Friede, fort die Ruhe
Stillsanfter Tage, denen Kämpfe fremd,
Da jede schöne Wesenheit des Himmels
Mit offnen Augen nahte, um zu lauschen,
Das war, eh unsre Stirn das Runzeln lernte,
Eh unsre Lippen andre Laute kannten
Als feierlichen Klang; war, eh wir wussten,
Dass Sieg, dies Flügelding, verloren gehn,
Gewonnen werden könne. Und bedenkt,
Hyperion, strahlendster von unsern Brüdern,
Er ist noch ungekränkt – Hyperion, oh!
Sein Strahl, sein Glanz und Strahl ist hier bei uns!«

Sie blickten alle auf Enceladus
Und sahn, indes von seinen Lippen noch
Hyperions Name an die Felsen hallte,
Ein blasses Leuchten auf den strengen Zügen,
Die nicht mehr wild; sah er doch manchen Gott
Gleich ihm in Glut. Er blickte auf sie alle
Und fand in jedem Antlitz hell ein Licht;
Und leuchtender als alle stand Saturn,
Die greisen Locken schimmerten wie Schaum
Um blanken Kiel, der nachts den Hafen sucht.
In silberblassem Schweigen harrten sie,
Bis morgenhellster Glanz die steilen Hänge.
Die dunklen Klüfte der Vergessenheit

Und jede Schlucht und jede Felsenspalte
Und jede Höhe und erschreckte Tiefe,
Durch die mit heiserm Schrei sich Ströme quälten,
149 Und all die ewigwilden Katarakte
Und nah und fern die kopflos hastigen Bäche,
Zuvor in schweren Schatten eingedunkelt,
Mit grauenhafter Helligkeit durchdrang.
Es war Hyperion. – Ein granitner Gipfel
Bot seinen heilen Füßen Platz zur Ruhe.
Da stand er und beschaute Not und Jammer
Und Graun und Schauder, die sein Glanz enthüllt, –
Sein Haar wie Gold, numidisch kurze Locken,
Von königlicher Hoheit die Gestalt,
Die, riesiger Schatten, stand im eignen Licht
Wie Memnons Leib bei Sonnenuntergang,
Wenn ihm aus dunklem Ost ein Wandrer naht.
Auch Seufzer, trauervoll wie Memnons Klage,
Entflogen ihm; er presste beide Hände
In Leid zusammen, mitten in dem Schweigen.
Verzagtheit fasste wiederum die Götter,
Als sie den Herrn des Tags so mutlos sahn,
Und viele wandten ihren Blick vom Licht.
Enceladus, der Feurige, doch sandte
Das glühe Auge zu den Brüdern hin.
Auf stand Iäpetus und Creus auch
Und Phorcus, und zusammen schritten sie
Zum Felsen hin, wo jener turmgleich ragte.
Dort riefen laut die vier Saturn bei Namen:
Hyperion rief vom Gipfel hell: »Saturn!«
Saturn saß nahe bei der Göttermutter,
In deren Antlitz keine Freude war,
Obgleich die Götter all aus dumpfen Kehlen
»Saturn!« und wieder diesen Namen riefen.

Drittes Buch

So tobten die Titanen bald in Aufruhr,
Bald sanken sie in stiller Trauer hin. 150
O lass sie, Muse! Lass sie ihrem Leid.
Zu zart bist du, solch Toben zu besingen.
Ein einsam Weh liegt deinen Lippen besser
Und schöner singst du Gram des Einzelnen.
O lass sie, Muse! Oft noch wirst an Ufern,
In Wildnis du gefallne Götter finden,
Die rastlos die verlornen Reiche suchen.
Doch rühre sanft die delphisch süße Harfe,
Und Himmelshauch nur darf das liebe Zwitschern
Dorischer Flöte lieblich unterstützen,
Denn sieh, dem Herrn der Dichtung gilt dein Lied.
Erröte alles, was die Röte kennt!
Du Rose, glühe Wärme in die Luft,
Du Abendrot, ihr morgenroten Wolken,
Umfließt in wonnigem Gelock die Höhn!
Der rote Wein im kühlen Silberbecher
Er brause auf, wie junger Sprudelquell;
Zartlippige Muscheln tief in Meereswogen
Und hoch am Strand, sie mögen Röte fühlen
Durch alle Gänge ihres Labyrinths,
Und Mädchen mögen glühen, wie geküsst!
O Delos, erste Insel der Zykladen,
O Freude deinen grünenden Oliven
Und Pappeln, Palmen über Wiesengründen
Und Buchen, deren Lied der Zephir wiegt,
Und Haselstauden, die in Schatten stehen!
Apoll ist wieder unser goldnes Thema!
Wo war er, als der Sonnenriese leuchtend
Das Leid der andern Götter überstrahlte?
Die schöne Mutter und die Zwillingsschwester
Ließ er in Schlaf im Laubengrund zurück
Und schritt im Morgenzwielicht durch die Weiden.
Maiglöckchen blühten hell um seinen Fuß
Am Bache hin. Die Nachtigall war stille, 151

Und letzte Sterne zögerten am Himmel.
Die Drossel sang gelassen. Weit und breit
Trug diese Insel Dickicht nicht noch Grotte,
Durch die nicht Murmellaut von Wasser rauschte.
Er lauschte, weinte, und die hellen Tränen
Durchtropften blitzend seine goldne Leier.
Er stand, die feuchten Augen halb geschlossen,
Da nahte unter niedern Zweigen her
Mit feierlichen Schritten eine Göttin,
Und sinnvoll lag auf ihm ihr tiefer Blick,
Den er befangen zu enträtseln suchte,
Indem er sanft und klingend zu ihr sprach:
»Wie kamst du über unwegbare Meere;
Doch wär es möglich, dass in diesen Hainen
Du seltsam Wesen unsichtbar gehaust?
Ja sicherlich, ich hörte diese Kleider,
Wenn ich allein in kühlen Wäldern lag,
Durch welke Blätter rauschen. Ja, ich fühlte
Der faltigen Gewänder sanfte Bogen
Durch Wiesen gleiten, sah die Blumen alle
Die Köpfe heben, als ihr Flüstern kam.
O Göttin! Dieser Augen ewige Ruhe,
Ich sah sie schon, sah dieses Antlitz schon –
Es sei denn, dass ich träumte.« »Ja«, sprach sie,
Die Himmlische, »du hast von mir geträumt
Und wachtest auf und sahst an deiner Seite
Die Leier ruhn, die ganz aus Golde war,
Mit Saiten, denen, wenn du sie berührtest,
Das ungeheure nimmermüde Ohr
Des ganzen Weltalls schmerzbeseligt lauschte,
Dass solch ein Tönewunder möglich war.
Wie sonderbar, dass du nun weinen solltest,
Der so begnadet ist! Erzähle, Jüngling,
152 Welch Sorgen fühlst du? Denn ich bin in Trauer
Um jede Träne, die du weinst: enthülle
Den Kummer einer, die auf dieser Insel
Die Stunden deines Schlafs und deiner Freude
Bewachte, von dem jungen Tage an,

Da deine Kinderhand gedankenlos
Die zarten Blumen pflückte, bis dein Arm
Für alle Zeit den Bogen spannen konnte.
Zeig einer altehrwürdigen Macht dein Herz,
Die heiligen Thronen nur um dich entsagte,
Der neugebornen Lieblichkeit zum Heil.«
Apollo dann, mit klaren Augen forschend,
Gab Antwort, und die liederreiche Kehle
Erbebte, als er sprach: »O Mnemosyne!
Dein Name kommt mir, weiß ich auch nicht wie.
Muss ich dir sagen, was so gut du siehst?
Muss ich zu zeigen suchen, was dein Mund
Enträtseln kann? Vergessenheit drückt dunkel
Und leidvoll auf mein Auge ihre Siegel.
Ich forsche nach, weshalb ich traurig bin,
Bis Schwermut alle meine Glieder lähmt.
Im Grase lieg ich dann und seufze tief.
Wie einer, der einst Schwingen trug. – Warum
Fühl ich mich so erniedrigt, da die Luft
Doch meinen Schritten fügsam ist. Warum
Ist meinem Fuß verhasst der grüne Rasen?
O selige Göttin! Zeige Unbekanntes:
Gibt's keinen andern Ort als diese Insel?
Was sind die Sterne? Und da ist die Sonne,
Die Sonne! Und des Monds geduldiger Glanz!
Und Tausende von Sternen! Zeig den Weg
Zu irgendeinem einzig schönen Stern,
Und mit der Leier will ich in ihn flüchten,
Dass seine Silberpracht vor Wonne bebe.
Ich hörte wolkigen Donner. Wo ist Macht? 153
Wes Hand, wes Art, o welche Göttlichkeit
Schafft diesen Aufruhr in den Elementen,
Indes ich tatlos hier an Ufern lausche,
Unwissend, furchtlos, dennoch schmerzbewegt?
Einsame Göttin, sprich, bei deiner Harfe,
Die jeden Morgen, jeden Abend klagt,
Weshalb durchirr ich fassungslos die Haine?
Stumm bleibst du – stumm! Doch kann aus deinem Blick,

So stumm er ist, seltsame Lehr ich lesen.
Unendlich Wissen weckt in mir den Gott.
Namen, Ereignisse, Legenden, Taten,
Rebellen, Herrscher, Götterstimmen, Kampf,
Erweckung und Zerstörung, alles dies
Stürzt in die weiten Höhlen meines Hirns,
Macht einen Gott aus mir, als hätt ich Wein,
Hätt' Trank getrunken, der unsterblich macht.«
So sprach der Gott, und seine Augen strahlten
Ihr zitternd Licht auf Mnemosyne hin.
Bald fasste ihn ein Beben, und Erröten
Durchglühte seinen himmlisch schönen Leib.
Es schien wie Kampf am schweren Tor des Todes,
Nein, mehr noch, als ob einer Abschied nehme
Von ewigem Tod und mit lebendigem Schmerz –
So heiß, wie Todesschmerzen eisig sind –
In wildem Krampf ins Leben sterbe. So
Durchbebte jung Apollo heiße Qual.
Sein Haar, die so berühmten goldnen Locken,
Umwogten seinen ungestümen Hals.
Und über seinen Kampf hielt Mnemosyne
Die Arme aufgereckt wie Seherin.
Da schrie Apollo auf – und seht, von seinen
Himmlischen Gliedern . . . .

(Fragment.)

Biografie

1795 *31. Oktober:* John Keats wird bei Swan and Hoop Livery Stables, Moorfields Pavement, London, geboren.

1797 *28. Februar:* Sein Bruder George Keats wird geboren.

1799 *18. November:* Ein anderer Bruder, Tom Keats, wird geboren. Die Familie Keats zieht in die Cravenstraße, außerhalb City Road, um.

1801 *28. April:* Edward Keats wird geboren.

1802 Edward Keats stirbt. Der »Edinburgh Review« wird ins Leben gerufen.

3. Juni: Fanny Keats wird geboren.

Keats besucht die Clarke's Schule bei Enfield (George und Tom gehen später auf die gleiche Schule).

1804 *16. April:* Keats' Vater Thomas Keats stirbt bei einem Reitunfall.

Juni: Keats' Mutter heiratet William Rawlings. Die Kinder der Familie ziehen mit ihren Großeltern mütterlicherseits, John und Alice Jennings, nach Ponders End, Enfield.

1805 *8. März:* Tod von Großvater John Jennings. Die Familie zieht nach Lower Edmonton um.

1809 Der »Quarterly Review« wird gegründet.

1810 *10. März:* Keats' Mutter stirbt.

1811 Keats wird zum Chirurgen Joseph Hammond von Edmonton in die Lehre gegeben.

1812 Lord Liverpool wird Ministerpräsident mit Castlereagh als Führer der Commons und Außenminister.

1813 Leigh Hunt, Keats' späterer Freund, und sein Bruder John werden wegen der Verleumdung des Regenten eingesperrt.

1814 Keats verfasst seine frühesten bekannten Gedichte.

19. Dezember: Großmutter Alice Jennings stirbt. Richard Abbey wird zum amtlichen Wächter der Kinder von Keats.

1815 Krankenhausaufenthalt in »Guy's Hospital« als Student. Leigh Hunt wird aus dem Gefängnis freigelassen.

Keats wird Garderobier.

1816 »To Solitude« wird im »Examiner« veröffentlicht.

Keats besteht die qualifizierenden Prüfungen und, weil er

das benötigte Alter im Oktober erreicht, bekommt seine Apothekergenehmigung. Er verbringt seinen Urlaub in Margate.
Mitte November: Er wohnt in Cheapside 76 mit seinen Brüdern Tom und George. Er trifft Leigh Hunt, Benjamin Robert Haydon und Joshua Reynolds. Er schreibt »On First Looking into Chapman's Homer« und »Sleep and Poetry«.

1817 »1817« wird von C. und J. Ollier veröffentlicht.
März: Keats und seine Brüder ziehen nach 1 Well Walk, Hampstead, um.
15.–24. April: Keats schreibt »Endymion« während seines Aufenthaltes bei Carisbrooke auf Isle of Wight.
Bis Mitte Mai: Er verbringt seine Zeit in Margate.
Mitte Mai: Er ist in Canterbury.
Später Mai: Er geht nach Hastings.
Ab 10. Juni: Er ist in Hampstead.
Früher September – Oktober: Keats ist Baileys Gast in Oxford.
Später November: Er verfertigt das vierte Buch von »Endymion« bei Burford Bridge, Surrey. Er liest Shakespeare das ganze Jahr durch. Er rezensiert Theaterstücke für das »Indicator« in Reynolds' Abwesenheit.

1818 Keats überarbeitet »Endymion«.
13. Januar – 3. März: Er besucht William Hazlitts Vorträge über die Englischen Dichter am Surreyinstitut.
März – April: Er schliesst sich Tom bei Teignmouth an. Er schreibt »Isabella«.
Mai: George heiratet Georgiana Wylie. »Endymion« wird von Taylor und Hessey veröffentlicht.
Mai: »Endymion« wird hart von »Blackwood's« rezensiert.
Juni: Das Werk wird auch im »British Critic« diskutiert.
Oktober: »Endymion« wird vom »Quarterly« rezensiert.
23. Juni: Keats begleitet George und Georgiana nach Liverpool, wovon sie nach Amerika abreisen.
Keats beginnt eine Fußwanderung im Norden – The Lake District, Schottland und Nordirland – mit seinem nahen Freund Charles Armitage Brown.
8. August: Er kommt von Inverness nach London wegen schlechter Gesundheit zurück. Er trifft seinen Bruder Tom

sehr krank an.
Sommer: Er trifft Fanny Brawne.
November: Er fängt »Hyperion« an.
1. Dezember: Tom Keats stirbt. Keats zieht nach Wentworth Place als Browns Mieter. Er verbringt Weihnachten mit den Browns.

1819 *Januar:* Keats besucht Chichester und Bedhampton. Er schreibt »St. Agnes Eve«.
Februar: Der Verleger Richard Carlile wird verhaftet (Prozess im Oktober).
April: Keats schreibt »La belle dame sans merci«. Akute Geldschwierigkeiten veranlassen ihn, Arbeit als Chirurg auf einem Schiff zu suchen. Er schreibt Oden (Auf eine Griechische Urne, Melancholie, Nachtigall, Trägheit).
Später Juni: Er beginnt an der Verstragödie »Otho the Great« und an »Lamia« zu arbeiten.
Mitte August: Er begleitet Charles Armitage Brown nach Winchester. Er arbeitet am »Fall of Hyperion«.
Mitte September: Keats kommt kurz nach London zurück.
13. September: Keats ist Zeuge der Ankunft von Henry Hunt zu seinem Prozess. Er schreibt »Ode to Autumn«. Er kommt nach Hampstead zurück und besucht Fanny Brawne. Er plant, als Journalist zu arbeiten.
Mitte Oktober: Er wohnt kurz in Collegestraße 25, Westminster, in Untermiete.
Ab 22. Oktober: Er ist zurück in Wentworth Place.
Am Jahresende: Keats verlobt sich mit Fanny Brawne.

1820 Thomas Wooler (Redakteur des »Black Dwarf«) wird inhaftiert. George Keats kommt nach London zurück, um Geld für sein Projekt einzusammeln.
28. Januar: John Keats verlässt London.
3. Februar: Keats kommt nach Hampstead aus London mit dem Postillon zurück und erleidet eine heftige Blutung.
März: Keats wird für »außer jeder Gefahr« erklärt. Er überarbeitet »Lamia«. Brown verlässt Wentworth Place für den Sommer und Keats zieht nach 2 Wesleyan Place, Kentish Town.
23. Juni: Keats zieht ins Haus von Leigh Hunt in Mortimer

Terrace, Kentish Town.
1. oder 2. Juli: »1820« wird von Taylor und Hessey veröffentlicht. Sein Arzt glaubt, dass Keats einen anderen englischen Winter nicht überleben würde und empfiehlt ihm nach Italien zu gehen.
12. August: Keats verlässt das Haus von Hunt und bleibt mit den Brownes bei Wentworth Place. »1820« wird positiv rezensiert.
18. September: Keats und Joseph Severn segeln von Gravesend auf »Maria Crowther«.
21. Oktober: Sie erreichen den Hafen von Neapel und werden wegen einer Fleckfieberepidemie in London für zehn Tage in Quarantäne an Bord behalten.
31. Oktober (Keats' Geburtstag): Keats und Severn mieten ein paar Zimmer über einem »Trattoria« in Vico S. Giuseppe, Neapel.
6. oder 7.–15. November: Keats und Severn reisen mit der Kutsche nach Rom.
10. Dezember: Keats schreibt seinen letzten bekannten Brief.

1821 *23. Februar:* John Keats stirbt.

CPSIA information can be obtained
at www.ICGtesting.com
Printed in the USA
LVHW040106210323
742063LV00001B/228

9 783847 853350